BASICS

CYCLE DE L'EAU DANS LE BÂTIMENT

DORIS HAAS-ARNDT

BASICS

CYCLE DE L'EAU DANS LE BÂTIMENT

BIRKHÄUSER
BASEL

TABLE DES MATIÈRES

\\Avant-propos _7

\\Introduction _9

\\Approvisionnement en eau sanitaire _11
    \\Le cycle naturel de l'eau _11
    \\Exigences applicables à l'eau sanitaire _12
    \\Besoins en eau sanitaire _13
    \\Économies d'eau sanitaire _15

\\Installations d'alimentation en eau sanitaire _16
    \\Composants du système d'alimentation en eau sanitaire _17
    \\Systèmes de production d'eau chaude _27
    \\Locaux sanitaires _39

\\Eaux usées et pluviales _53
    \\Canalisations d'eaux usées dans le bâtiment _54
    \\Modes d'évacuation des eaux usées et pluviales _64
    \\Gestion des eaux pluviales _68
    \\Récupération des eaux grises et pluviales _74

\\Conclusion _80

\\Annexes _81
    \\Références bibliographiques _81
    \\Normes _82
    \\Crédits iconographiques _83
    \\L'auteure _83

AVANT-PROPOS

Dans les pays industrialisés, on considère comme allant de soi qu'un bâtiment soit alimenté en eau courante. L'eau potable est cependant un bien précieux et, dans de nombreuses régions du monde, une ressource rare. Le captage et la production d'eau sanitaire requièrent du reste, même dans les pays industrialisés, des processus toujours plus sophistiqués, que le consommateur paie toujours plus cher. Il en va de même de l'évacuation et du traitement des eaux usées, qui représentent, du fait des substances à éliminer, des tâches toujours plus lourdes et complexes.

Interface entre eau sanitaire et eaux usées, les installations d'alimentation et d'évacuation d'un bâtiment représentent une part importante du travail de l'architecte. En effet, le tracé des conduites nécessaires et les exigences techniques y relatives influeront sur l'emplacement des locaux sanitaires et des cuisines. En outre, limiter la consommation d'eau est un enjeu important de la conception des installations techniques d'un ouvrage.

Pour être en mesure d'intégrer ces contraintes dès les premières phases d'étude, il est indispensable de bien connaître les systèmes techniques existants, mais aussi de comprendre comment ils s'articulent entre eux. Il importe donc de considérer les questions d'alimentation en eau sanitaire et d'évacuation des eaux usées et pluviales comme faisant partie intégrante du projet.

Destiné aux étudiants et aux novices ne disposant d'aucune connaissance en matière d'installations techniques, le volume *Basics Cycle de l'eau dans le bâtiment* permettra au lecteur de se familiariser avec la thématique grâce à des explications claires et structurées. En décrivant le parcours de l'eau à travers le bâtiment, ainsi que les fonctions et exigences à remplir à chaque étape, il permettra aux étudiants de bien comprendre l'ensemble de ce cycle et d'appliquer les connaissances acquises dans leurs propres projets.

Bert Bielefeld
Directeur de collection

INTRODUCTION

Tout bâtiment moderne est équipé d'un réseau complexe de conduites destinées à assurer l'alimentation des locaux en eau sanitaire et l'évacuation des eaux usées et pluviales. Le parcours de l'eau au sein de l'ouvrage est comparable à son cycle naturel : de l'eau fraîche est captée, acheminée vers le bâtiment et distribuée via un réseau de conduites, le cas échéant après avoir été chauffée, jusqu'aux points de puisage des salles de bains, cuisines et autres locaux sanitaires. Dès qu'elle sort du robinet, l'eau potable revêt le statut d'eau usée et s'écoule, via les canalisations correspondantes, dans le réseau d'assainissement, pour être ensuite épurée et rejetée dans les cours ou plans d'eau naturels. Ce cycle, il est impératif que les architectes l'intègrent dans leurs projets, car WC, machines à laver, douches et autres appareils sanitaires ne sauraient fonctionner sans une conception minutieuse des systèmes d'adduction et d'évacuation d'eau.

Dans les chapitres suivants, nous nous intéresserons aux différentes étapes du cycle accompli par l'eau au sein d'un bâtiment, ainsi qu'au fonctionnement des divers éléments raccordés à ce circuit. Nous verrons ainsi comment alimenter les locaux en eau sanitaire et comment intégrer au projet les installations nécessaires, mais aussi comment évacuer les eaux usées dans les égouts. Ce faisant, nous examinerons les problèmes susceptibles de survenir à chaque étape, ainsi que les possibilités dont on dispose pour les résoudre.

APPROVISIONNEMENT EN EAU SANITAIRE

L'eau recouvre près des deux tiers de la surface de la Terre. Les eaux douces, c'est-à-dire les sources potentielles d'eau potable, n'en représentent cependant que 0,3 %. Par eau sanitaire, on entend une eau douce de très bonne qualité, que son degré de pureté rend propre à la consommation par l'homme.

LE CYCLE NATUREL DE L'EAU

Le cycle naturel de l'eau consiste en une perpétuelle succession de phénomènes d'évaporation, de précipitations, de ruissellement des eaux pluviales en direction des cours et plans d'eau, ou d'infiltration de ces mêmes eaux dans le sol, où elles alimentent la nappe phréatique. Sous l'effet du rayonnement solaire ou d'autres sources de chaleur, la vapeur d'eau s'élève, forme des nuages et retombe sur terre sous forme de précipitations. Une partie des eaux pluviales s'évapore, une autre nourrit les plantes qui l'absorbent par capillarité, une autre encore s'infiltre dans le sol jusqu'à la nappe phréatique, dont elle régule ainsi le niveau. › Ill. 1

Nappe phréatique

La nappe phréatique se compose d'eaux d'infiltration qui, ayant rencontré une couche géologique imperméable, se sont accumulées dans le sous-sol et présentent toute l'année une température comprise entre 8 et 10 °C. La plupart du temps exemptes de germes, les eaux souterraines couvrent près des trois quarts des besoins en eau sanitaire. Puisées à l'aide de pompes, elles traversent plusieurs installations de traitement et de filtrage avant d'être injectées dans le réseau public d'eau sanitaire.

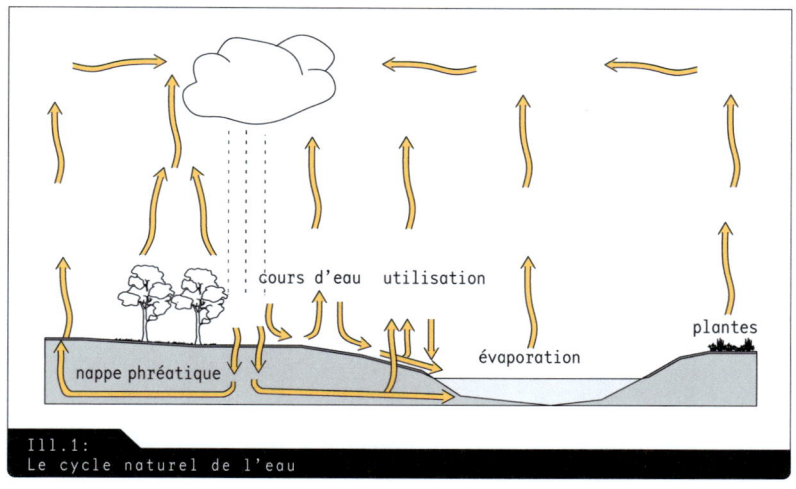

Ill.1 : Le cycle naturel de l'eau

En extrayant de grandes quantités d'eau de la nappe phréatique et en imperméabilisant de vastes surfaces à des fins d'urbanisation, l'homme porte gravement atteinte au cycle naturel de l'eau. Alors que les activités de construction, de déboisement et de canalisation entraînent une baisse massive du niveau des eaux souterraines, les eaux pluviales que les surfaces imperméabilisées empêchent de s'infiltrer dans le sol par voie naturelle n'alimentent plus la nappe phréatique, mais sont envoyées directement dans les cours d'eau ou les égouts.

Par ailleurs, le système est menacé par les énormes quantités d'eau prélevées dans la nappe phréatique par l'agriculture et l'industrie, ainsi que par les polluants que celles-ci y déversent. Engrais, produits phytosanitaires, décharges, eaux de chaussée et rejets industriels, s'infiltrant dans la nappe sous forme de «pluies acides», génèrent un niveau de pollution préoccupant, que seules de lourdes mesures d'épuration permettent de réduire. Cette pollution et cette consommation croissantes entraînent un déséquilibre écologique dont on paie les conséquences néfastes au prix fort.

EXIGENCES APPLICABLES À L'EAU SANITAIRE

L'eau destinée à la consommation humaine doit répondre à des exigences bien définies. Elle doit être inodore et incolore, exempte de germes et d'agents pathogènes, et avoir un goût neutre. Tout point de puisage doit fournir une eau de qualité irréprochable à une pression suffisante. Les ajouts chimiques destinés à éliminer les germes et les autres substances que peut contenir l'eau sont soumis à des valeurs limites définies, pour l'Union européenne, dans une directive européenne et dans des ordonnances régionales. La qualité de l'eau et le respect des valeurs limites applicables aux substances qu'elle contient sont régulièrement contrôlés à l'aune des spécifications en vigueur dans chaque pays. Les exigences auxquelles doit répondre l'eau sanitaire sont cependant toujours plus sévères, et il n'est possible d'y répondre, eu égard au degré de pollution actuel, qu'au prix de mesures toujours plus lourdes et onéreuses.

\\ Remarque:
L'imperméabilisation des sols est due à des revêtements comme l'asphalte, qui compromettent le renouvellement de la nappe phréatique en empêchant les eaux de précipitation de s'infiltrer dans le sol par voie naturelle.

\\ Remarque:
Le Conseil de l'Union européenne a édicté la directive 98/83/CE relative à la qualité des eaux destinées à la consommation humaine, qui oblige les États membres à en intégrer progressivement les dispositions dans leur législation nationale.

Tab.1:
Classes de dureté de l'eau

Classe	Dureté en mmol/l	Qualification
1	< 1,3	Eau douce
2	1,3-2,5	Eau de dureté moyenne
3	2,5-3,8	Eau dure
4	> 3,8	Eau très dure

Dureté de l'eau

On qualifie l'eau de dure lorsqu'elle présente une forte teneur en calcium et en magnésium, de douce lorsqu'elle est pauvre en telles substances. Lorsque l'eau est très dure, il se forme dans les conduites des dépôts appelés incrustations. Il faut en outre utiliser plus de produit à lessive pour laver le linge, et la vaisselle lavée à la machine a tendance à se couvrir d'un voile calcaire. La dureté de l'eau, qui se mesure en mmol/l (millimoles par litre), varie en fonction de sa provenance. › Tab. 1 L'eau contenant moins de 30 mg/l de carbonate de calcium (tartre) ne peut, elle, déposer de couche protectrice sur la paroi des conduites, qui sont dès lors exposées à la corrosion par les acides. La dureté de l'eau n'a qu'une incidence mineure sur la santé.

pH

Une donnée importante pour évaluer l'«agressivité» de l'eau sanitaire est son pH (du latin *potentia hydrogenii*). Celui-ci désigne la concentration d'ions hydrogène que contient l'eau, plus exactement l'opposé du logarithme décimal de cette concentration. Sur cette échelle, l'eau pure présente un pH de 7, ce qui signifie qu'un litre de cette eau contient 10^{-7} moles d'ions H+. Si le pH est inférieur à 7, l'eau est acide, donc agressive; s'il est supérieur, on a affaire à une eau basique, ou alcaline, favorisant la précipitation du calcaire.

BESOINS EN EAU SANITAIRE

Au XIXe siècle, la consommation d'eau à des fins de nutrition et d'hygiène corporelle se montait, en Allemagne, à environ 30 l par personne et par jour. Du fait de l'accroissement du confort sanitaire – eau courante, douches, toilettes avec chasse d'eau – elle atteint aujourd'hui plus de 130 l. Et encore ce chiffre très élevé représente-t-il déjà une réduction par rapport à ce que l'on consommait il y a quelques années, avant que les dispositifs économiseurs d'eau ne se généralisent dans les salles de bains et les toilettes. Dans l'artisanat, l'industrie et l'agriculture, en revanche, la consommation d'eau ne cesse d'augmenter. L'irrigation des surfaces agricoles représente, au niveau mondial, le principal poste de consommation d'eau sanitaire.

Dans les pays industrialisés, pratiquement tous les bâtiments sont raccordés au réseau public d'eau potable. Ce sont chaque année des milliards de mètres cubes qui sont soustraits au cycle naturel de l'eau à des fins d'approvisionnement en eau sanitaire. La majeure partie en est prélevée dans les eaux souterraines et superficielles, le reste provenant par exemple du filtrat issu des rives des cours d'eau. Les eaux superficielles, c'est-à-dire celles des rivières et des lacs, sont la plupart du temps contaminées par des bactéries et d'autres polluants d'origine humaine, si bien qu'elles ne peuvent être consommées qu'à l'issue d'un long processus d'épuration.

L'approvisionnement des agglomérations et des régions pauvres en eau se fait parfois depuis très loin. Dans les villes, c'est d'autant plus vrai que, du fait de l'ampleur des surfaces imperméabilisées, une grande partie des eaux pluviales s'écoule directement dans les égouts. Comme il est donc difficile d'y garantir un approvisionnement suffisant en eau sanitaire, réduire les besoins en la matière s'y révèle particulièrement urgent.

Dans un ménage, les besoins quotidiens en eau sanitaire se répartissent en divers postes. ›Tab. 2 La quantité d'eau destinée à la nutrition est, en proportion, très faible : seuls 5 l environ sont bus ou utilisés pour faire la cuisine, le reste servant à d'autres usages. Comme les besoins fluctuent dans le temps, les stations hydrauliques doivent être dotées de citernes permettant de stocker l'eau sanitaire.

Tab. 2 : Consommation domestique moyenne d'eau sanitaire

Activité	Consommation en l/jour/personne
Ingestion directe et cuisine	5
Hygiène corporelle	10
Bains et douches	38
Vaisselle	8
Nettoyages	8
Lessive	15
Rinçage des WC	40
Arrosage des plantes	6
Total	**130**

Les besoins domestiques en eau chaude s'élèvent aujourd'hui, en moyenne, à 30-60 l par personne et par jour. Ils peuvent cependant varier beaucoup d'un jour à l'autre et selon le mode de vie des usagers. Étant donné qu'il faut environ 120 à 180 l d'eau à 40 °C pour un bain, et seulement 40 l à 37 °C pour une douche de cinq minutes, opter pour la seconde permettra d'économiser à la fois eau et énergie.

ÉCONOMIES D'EAU SANITAIRE

Il existe aujourd'hui divers moyens techniques d'économiser l'eau sanitaire : pommes de douche à réducteur de débit, robinets économiseurs d'eau, chasses de WC économiques, appareils ménagers (p. ex. lave-vaisselle et lave-linge) à consommation réduite, etc. Installer un compteur d'eau dans chaque appartement plutôt qu'un compteur central au sous-sol s'est par ailleurs révélé très bénéfique, car chaque ménage ne paie dès lors plus que pour sa propre consommation d'eau, dont il peut suivre l'évolution en continu. Les réservoirs de chasse dotés d'un dispositif d'arrêt d'eau et ne consommant que 4 à 6 l par rinçage se sont généralisés. D'autres systèmes encore plus performants, comme les WC à aspiration, ne requièrent que 1,2 l par rinçage. Quant aux toilettes sèches, dont il existe diverses variantes, elles ne consomment pas d'eau du tout. › Chap. Installations d'alimentation en eau sanitaire, Locaux sanitaires

Une analyse plus fine de notre consommation d'eau montre que les activités requérant vraiment de l'eau potable sont très peu nombreuses. › Tab. 2 Outre celle que l'on boit, on n'a réellement besoin d'eau sanitaire que pour les soins corporels, la cuisine et la vaisselle. Pour le rinçage des toilettes, les nettoyages domestiques et l'arrosage des jardins, il suffirait d'utiliser de l'eau de pluie, ce qui permettrait de réduire sensiblement la consommation d'eau sanitaire. Les eaux grises s'écoulant des lavabos et receveurs de douche pourraient aussi être utilisées, après traitement, pour le rinçage des WC. › Chap. Eaux usées et pluviales, Récupération des eaux grises et pluviales

Le seul fait d'équiper les locaux sanitaires de robinets économiseurs permet de réduire les besoins moyens en eau sanitaire à environ 100 l par personne et par jour. En y ajoutant quelques-unes des mesures précitées, il serait possible de diminuer de plus de moitié notre consommation d'eau sanitaire et ce, sans perte de confort notable.

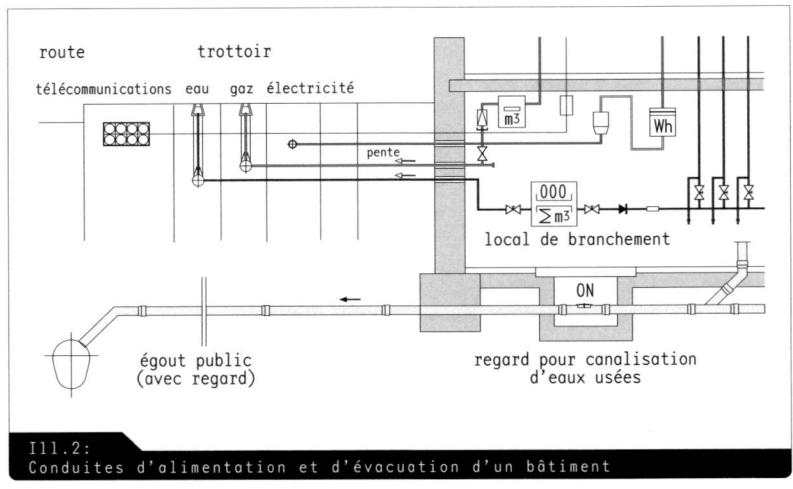

Ill. 2:
Conduites d'alimentation et d'évacuation d'un bâtiment

INSTALLATIONS D'ALIMENTATION EN EAU SANITAIRE

Dans un bâtiment, le cycle de l'eau commence en général par l'alimentation de l'ouvrage en eau froide, ce qui nécessite de raccorder celui-ci au réseau public d'eau sanitaire, à moins que le bien-fonds ne dispose d'un dispositif d'alimentation autonome (puits). Dans les villes et communes d'une certaine taille, les raccordements au réseau d'eau public sont d'ordinaire enterrés à une profondeur hors gel de 1,00 à 1,80 m au-dessous du trottoir. Chaque parcelle est dotée d'une conduite de branchement qui relie la conduite d'amenée du réseau public – à laquelle elle est toujours perpendiculaire – au local de branchement où se trouvent la vanne d'arrêt principale et le compteur d'eau du bâtiment. › Ill. 2 Dans la construction de logements, cette conduite de branchement présente un diamètre nominal d'environ 25 mm (DN 25).

Pour marquer l'emplacement du raccordement au réseau d'eau public, il est d'usage, dans certains pays européens, de poser contre une façade proche un panneau de couleur indiquant la distance du branchement vers la gauche ou la droite, ainsi que vers l'avant ou l'arrière. Ces panneaux indiquent aussi, sous forme d'abréviations, de quel type de raccordement il s'agit, ainsi que le diamètre nominal de la conduite.

Température

Pour empêcher la formation de germes, les bâtiments sont alimentés en eau froide, c'est-à-dire dont la température est comprise entre 5 et 15 °C. L'eau n'est chauffée qu'à l'intérieur du bâtiment. Par eau chaude, on entend une eau sanitaire dont la température varie entre 40 et 90 °C. Si une

Pression

température de 40 à 45 °C suffit pour les soins corporels, les normes d'hygiène actuelles exigent qu'elle atteigne 55 à 85 °C pour la vaisselle.

Le transport de l'eau sanitaire à l'intérieur du réseau de conduites se fait grâce à la pression produite par l'entreprise de distribution d'eau. Alors que la pression atteint en général entre 6 et 10 bars dans le réseau public, un réducteur de pression intégré à la tuyauterie du bâtiment la ramène à 5 bars ou moins. › Chap. Installations d'alimentation en eau sanitaire, Composants du système d'alimentation en eau sanitaire

Ces valeurs peuvent cependant varier d'un lieu à l'autre et sont donc purement indicatives. Néanmoins, la surpression s'exerçant au niveau d'un point de puisage ne devrait jamais être inférieure à 0,5 bar, car l'eau ne pourrait alors être distribuée correctement. Il peut se produire dans la tuyauterie des pertes de charge dues, par exemple, à une grande différence de hauteur entre conduite de branchement et point de puisage. On peut admettre, à titre approximatif, que la pression diminue à raison de 1 bar pour 10 m de hauteur.

COMPOSANTS DU SYSTÈME D'ALIMENTATION EN EAU SANITAIRE

Au sein d'un bâtiment, la distribution de l'eau sanitaire est assurée par un réseau de conduites horizontales et verticales en général non visibles, qu'il est possible de faire passer dans des gaines ou des banquettes techniques, d'intégrer dans les sols ou de loger dans des saignées pratiquées dans les murs. Tout système de distribution d'eau sanitaire comporte en outre compteur d'eau, dispositifs de sécurité, vannes d'arrêt et points de puisage.

Branchement d'immeuble

Le dispositif de raccordement des bâtiments à la conduite d'amenée du réseau public et le compteur d'eau appartiennent en général à l'entreprise de distribution d'eau. La conduite de branchement devra rejoindre le bâtiment suivant le tracé le plus direct possible. Pour qu'elle reste accessible à des fins de réparation, aucune construction ne devra être érigée au-dessus. Pour des raisons de sécurité, la conduite devra traverser le mur

\\ Remarque :
La notion de diamètre nominal, dont on retrouve l'abréviation DN dans tout plan de canalisation, désigne le diamètre intérieur d'une conduite. Les diamètres nominaux à prévoir varieront en fonction des normes nationales et des dimensions de l'installation concernée.

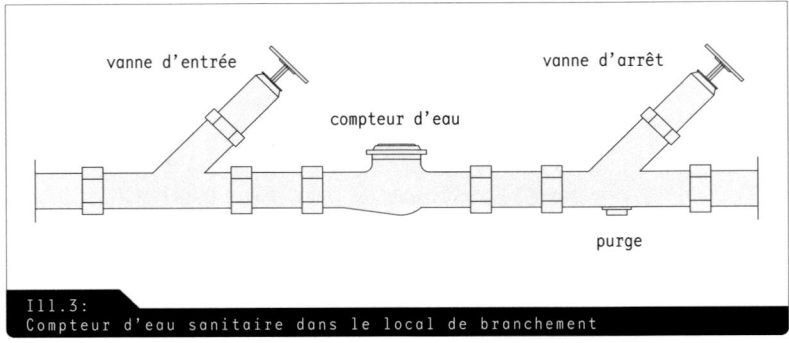

Ill.3:
Compteur d'eau sanitaire dans le local de branchement

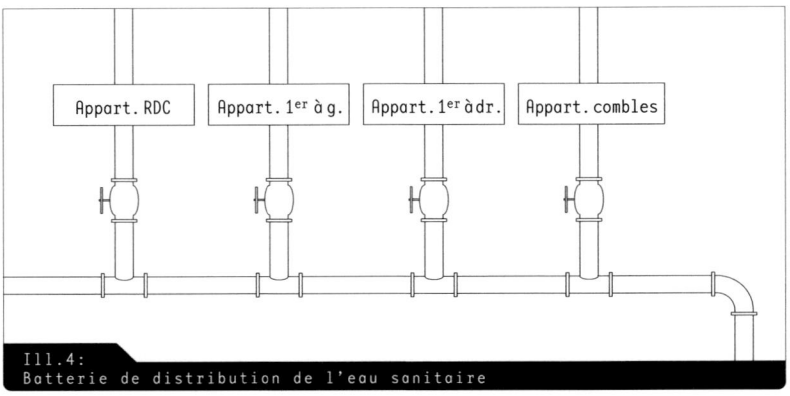

Ill.4:
Batterie de distribution de l'eau sanitaire

ou les fondations du bâtiment à angle droit et être munie d'une gaine de protection.

Compteur d'eau

Le compteur d'eau, dûment étalonné, est installé entre la vanne d'arrêt du réseau d'eau public et celle du bâtiment, de sorte qu'on puisse le remplacer sans problème. › Ill. 3

Le travail de l'architecte ne commence qu'à partir du compteur, qu'il convient, pour en faciliter le relevé annuel, de loger dans un local à l'abri du gel et d'accès aisé, par exemple un local de branchement situé côté route. S'il n'est pas possible d'installer le compteur à l'intérieur du bâtiment, on pourra le loger dans une fosse ad hoc, placée à l'extérieur. Il se peut même que cela soit obligatoire, afin que le compteur puisse être relevé même en l'absence du propriétaire.

Batterie de distribution

S'il faut plusieurs colonnes montantes pour alimenter les étages en eau sanitaire, comme c'est par exemple le cas pour les différents logements d'un immeuble d'habitation collectif, il s'agit de prévoir une batterie de distribution composée d'une nourrice ou de raccords en té. › Ill. 4 Cette

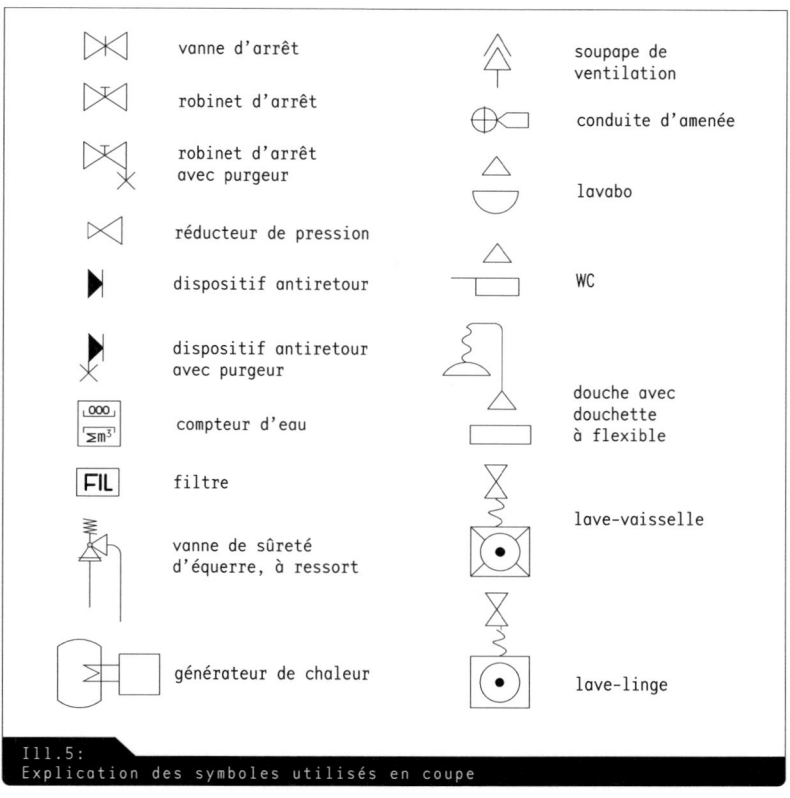

Ill.5 : Explication des symboles utilisés en coupe

batterie comporte souvent, en plus des conduites d'eau sanitaire proprement dites, une conduite de chauffage, des points de puisage séparés (p. ex. pour un usage extérieur) et, le cas échéant, une conduite alimentant le dispositif d'extinction incendie. On indiquera avec soin la destination de chacune des colonnes montantes, que l'on devra par ailleurs toutes doter de leur propre robinet d'arrêt, de manière à pouvoir les isoler du système s'il faut en remplacer un élément.

Représentation graphique et symboles

Pour faciliter la communication entre les divers professionnels concernés par les installations sanitaires d'un bâtiment, la norme européenne EN 806 et les normes régionales qui la complètent prescrivent l'utilisation, dans les plans de plomberie, de toute une série de symboles bien définis. › Ill. 5 Ces normes peuvent cependant varier d'une région à l'autre. Pour représenter de façon complète un système d'alimentation en eau sanitaire et le tracé de ses conduites, diverses indications sont nécessaires

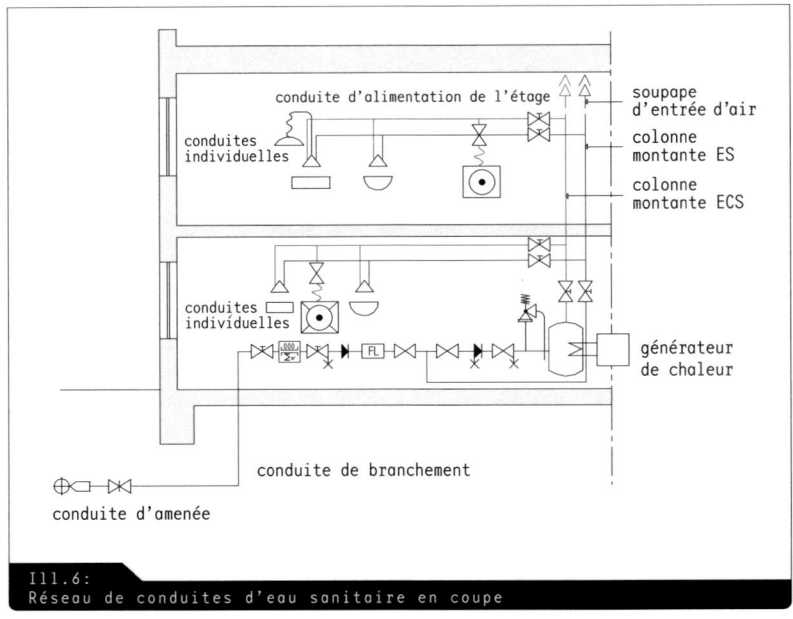

Ill. 6 :
Réseau de conduites d'eau sanitaire en coupe

en plan comme en coupe. On devra adapter la représentation graphique de certaines installations au type de plan en question, comme c'est par exemple le cas pour les appareils sanitaires, vus de dessus en plan, mais de profil ou de face en coupe. De manière générale, il est utile de doter chaque plan d'une légende indiquant à quoi correspondent les symboles utilisés.

Représentation en coupe
En coupe, on devrait rester schématique et se limiter autant que possible aux informations relatives à l'alimentation en eau sanitaire. L'ordre d'apparition des symboles devra toutefois correspondre à la disposition réelle des appareils sanitaires. Symboles et tracé des conduites sont représentés comme si la tuyauterie et les différents points de puisage étaient rabattus sur le plan de coupe. › Ill. 6

Représentation en plan
En plan, on indiquera, par des flèches, si les conduites montent ou descendent. › Ill. 7 Ces flèches indiqueront aussi si les conduites commencent au niveau considéré, si elles y prennent fin ou si elles sont traversantes. › Ill. 8

Dénomination des conduites

Chaque portion du réseau d'alimentation en eau sanitaire porte un nom particulier. › Ill. 6 Les principaux éléments en sont la <u>conduite de branchement</u>, qui relie la conduite d'amenée du réseau d'eau public à la vanne d'arrêt principale située dans le bâtiment, les <u>colonnes montantes</u>, qui tra-

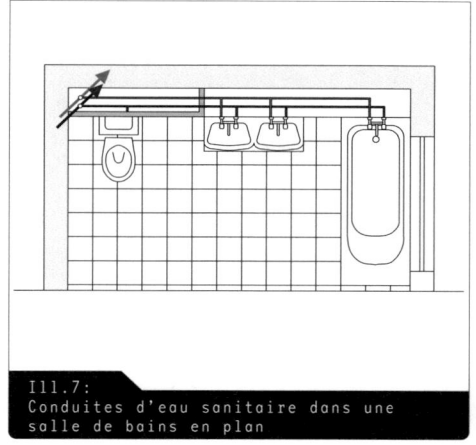

Ill.7 :
Conduites d'eau sanitaire dans une salle de bains en plan

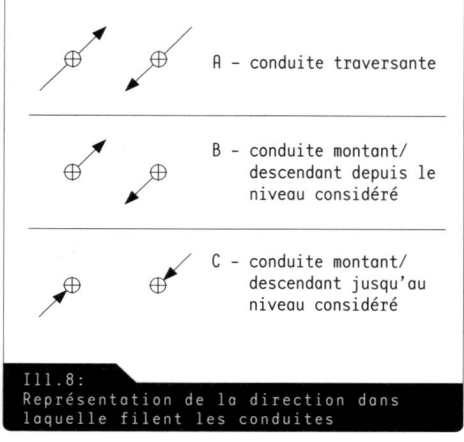

Ill.8 :
Représentation de la direction dans laquelle filent les conduites

versent verticalement le bâtiment, les <u>conduites d'alimentation des étages</u>, qui partent horizontalement des colonnes montantes, et les <u>conduites de circulation</u> ou <u>conduites de bouclage d'eau chaude sanitaire</u>, qui assurent – si nécessaire – l'alimentation instantanée des points de puisage en eau chaude. Les conduites verticales reliant la conduite d'alimentation de l'étage aux différents points de puisage sont appelées <u>conduites d'alimentation individuelles</u>. Dans la construction de logements, le diamètre intérieur des conduites montantes est d'environ 20 mm (DN 20), celui des conduites d'alimentation des étages d'environ 15 mm (DN 15).

<small>Conduites de bouclage</small>

Les conduites de circulation d'eau chaude en boucle ont pour fonction d'alimenter immédiatement les points de puisage en eau chaude, sans qu'il faille d'abord faire couler inutilement une certaine quantité d'eau froide, comme c'est souvent le cas avec les chauffe-eau instantanés. L'inconvénient d'un tel bouclage réside dans le fait que les pompes nécessaires à la circulation de l'eau chaude consomment du courant en permanence. Il est toutefois possible d'y remédier en optant pour une pompe n'entrant en activité qu'au moment où l'on a effectivement besoin d'eau chaude.

Pose des conduites

Les conduites horizontales peuvent être posées aussi bien sous les plafonds (p. ex. au sous-sol) que dans l'épaisseur des planchers. Dans les grands bâtiments, on prévoit en général, à cet effet, des faux plafonds ou des gaines de sol. › Ill. 9 Quant aux conduites verticales, on les fait en général passer devant les murs dans les sous-sols et les locaux techniques, où elles peuvent rester apparentes, › Ill. 10 tandis que dans les autres pièces, on les loge dans des gaines ou, si elles s'arrêtent à une certaine hauteur,

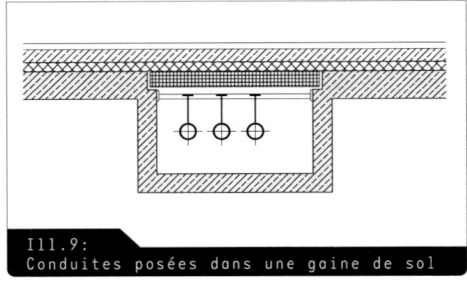

Ill.9 :
Conduites posées dans une gaine de sol

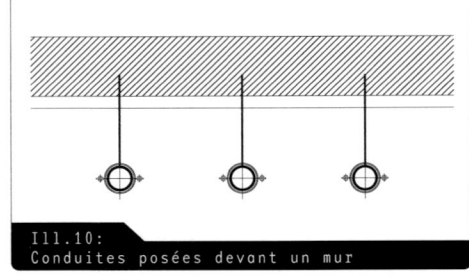

Ill.10 :
Conduites posées devant un mur

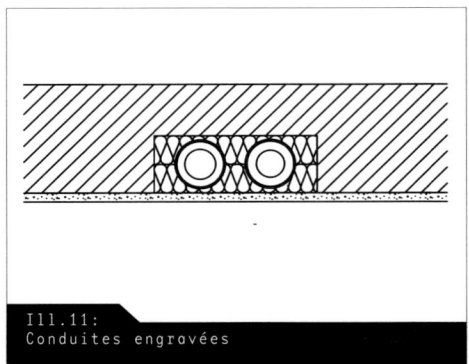

Ill.11 :
Conduites engravées

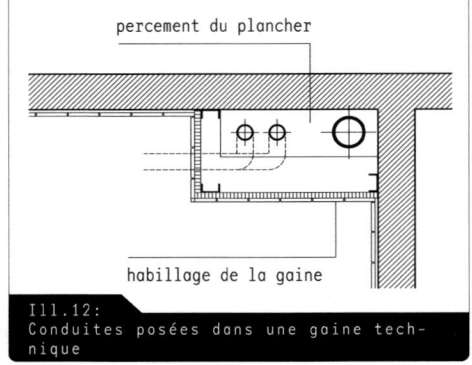

Ill.12 :
Conduites posées dans une gaine technique

dans des banquettes techniques. › Chap. Installations d'alimentation en eau sanitaire, Locaux sanitaires

Lorsque les murs présentent une épaisseur suffisante, il arrive aussi qu'on pose les conduites dans des saignées bourrées d'isolation. › Ill. 11 Ce mode de pose requérant toutefois beaucoup de travail et ne garantissant pas de protection phonique efficace, on a tendance à y renoncer, dans les pièces d'eau, au profit de gaines techniques. › Ill. 12 À la différence de telles gaines, qui traversent le bâtiment sur plusieurs étages, les banquettes techniques consistent en un habillage s'arrêtant à une certaine distance du sol. › Ill. 13

Dimensionnement des conduites

Le diamètre nominal des tuyaux dépendra du nombre de points de puisage à desservir. › Tab. 3 Lors du dimensionnement des conduites, on devra en outre tenir compte de la simultanéité des puisages, du matériau dont sont faits les tuyaux, des pertes de charge dues au frottement de l'eau contre les parois des conduites, ainsi que de la pression minimale d'écou-

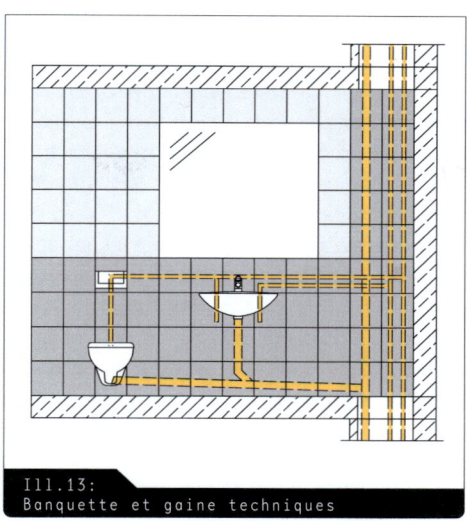

Ill.13 : Banquette et gaine techniques

Tab.3 : Diamètre des conduites d'eau sanitaire

Type de conduite	Diamètre intérieur (valeurs indicatives)
Conduite d'amenée	DN 25 à DN 32
Colonne montante	DN 20
1-5 points de puisage	DN 20
5-10 points de puisage	DN 25
10-20 points de puisage	DN 32
20-40 points de puisage	DN 40
Conduite d'alimentation d'étage	DN 15
1 réservoir de chasse	DN 10 à DN 15
1-2 lavabos	DN 15
1 douche	DN 15
1 baignoire	DN 20 à 25
1 conduite d'irrigation pour jardin	DN 20 à 25

lement à garantir. Cette dernière devra être assez importante pour que la surpression régnant dans la tuyauterie reste suffisante, même au niveau des points de puisage les plus éloignés. Quant aux pertes de charge dues au frottement, on les calcule en divisant la pression régnant dans une portion de conduite par la longueur de cette dernière.

Matériaux

Aujourd'hui, les conduites d'amenée d'eau enterrées sont en général en plastique (polyéthylène à haute densité, PEHD), car les tuyaux en métal requièrent des mesures supplémentaires de protection contre la corrosion. Depuis peu, on utilise aussi des tuyaux multicouches, qui allient les avantages du métal (stabilité) à ceux du plastique (résistance à la corrosion).

À l'intérieur du bâtiment, les matériaux utilisés pour les conduites d'eau sanitaire sont le cuivre, l'acier galvanisé à chaud, l'acier inoxydable et le plastique (polyéthylène). Les conduites en plastique sont flexibles et l'on peut, du fait de leur faible section, les intégrer dans les sols en leur conférant pratiquement n'importe quel rayon de courbure. Les tuyaux en polyéthylène sont la plupart du temps doublés : la conduite d'eau sanitaire proprement dite, réalisée en polyéthylène réticulé (PER), est dotée d'une gaine de protection souple en polyéthylène à haute densité, dont on peut l'extraire s'il faut la changer. Outre leur grande flexibilité, les tuyaux en plastique ont l'avantage de n'être sujets ni aux incrustations ni à la corrosion. Lorsqu'on met en œuvre des tuyaux en métal ou qu'on en remplace dans le cadre d'une rénovation, il convient, pour éviter toute corrosion, de placer le métal le plus noble (p.ex. du cuivre) en aval de l'autre (p.ex. de l'acier).

Dispositifs de sécurité

Pour garantir une eau sanitaire de qualité irréprochable, certaines mesures de sécurité s'imposent. L'eau ne doit en aucun cas subir de dégradation à l'intérieur de la tuyauterie, par exemple du fait de l'irruption d'une eau impropre à la consommation. Il faut donc empêcher, au moyen de dispositifs appropriés, que des eaux souillées ne refluent ou ne soient aspirées dans les conduites et, de manière générale, qu'une eau de moindre qualité ne se mélange à l'eau sanitaire. Cela pourrait par exemple survenir si la rupture d'une conduite provoquait une dépression dans la tuyauterie et qu'une douchette était en même temps immergée dans une baignoire :

\\ Remarque :
Si l'on réalise les conduites enterrées en polyéthylène à haute densité, on utilise en général pour les conduites intérieures du PER, que l'on dote cependant d'une gaine protectrice en PEHD.

\\ Remarque :
On trouvera de plus amples informations sur la manière d'assurer la qualité de l'eau sanitaire dans la norme européenne EN 1717, «Protection contre la pollution de l'eau potable dans les réseaux intérieurs et exigences générales des dispositifs de protection contre la pollution par retour».

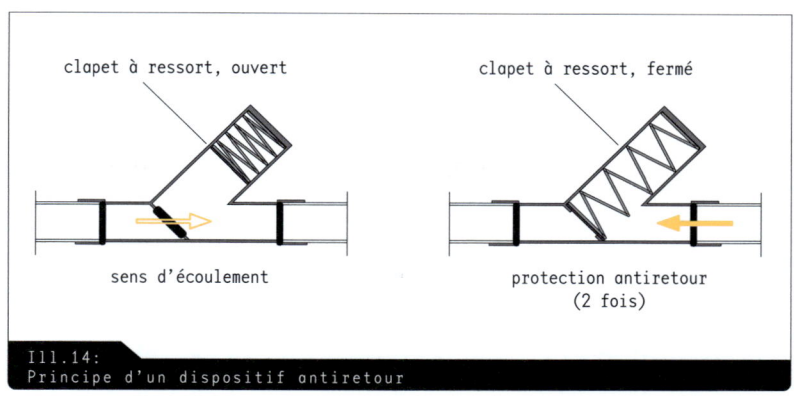

Ill. 14 :
Principe d'un dispositif antiretour

> 🛈
Dispositifs
antiretour

sans dispositif de sécurité, la dépression générée dans la conduite aspirerait l'eau du bain, qui se mêlerait ainsi à l'eau « propre ».

Parmi les garnitures de sécurité dont sont dotées les installations sanitaires domestiques figure par exemple le dispositif antiretour placé juste après le compteur d'eau. Composé d'un clapet actionné par un ressort, ce dispositif reste ouvert tant que l'eau s'écoule dans la bonne direction, mais se ferme automatiquement dès que le courant est interrompu, de manière à éviter tout reflux. Si l'eau fait retour dans la conduite, elle exerce sur le clapet une pression qui le maintient fermé avec d'autant plus de force. > Ill. 14

Soupape
d'entrée d'air

Les clapets antiretour sont la plupart du temps combinés avec des soupapes d'entrée d'air destinées, elles aussi, à empêcher que de l'eau polluée ne soit aspirée dans les conduites d'eau sanitaire du fait d'une éventuelle dépression. Placées à l'extrémité supérieure de toutes les colonnes montantes d'eau froide et chaude, ces soupapes d'ordinaire fermées s'ouvrent en cas de dépression, l'appel d'air ainsi généré empêchant l'eau de refluer par aspiration dans la tuyauterie. > Ill. 15 et 16

Pour éviter que de l'eau ne sorte par la soupape d'entrée d'air sous l'effet d'une éventuelle surpression dans la colonne montante, une solution consiste à prévoir une conduite raccordée au réseau d'eaux usées, destinée à évacuer l'eau qui s'égoutterait. Si la soupape d'entrée d'air se trouve au-dessus d'un receveur de douche ou d'un lavabo et qu'un éventuel écoulement ne risque dès lors pas de causer de dommage, une telle conduite n'est pas nécessaire.

Réducteur
de pression

Comme la pression produite par l'entreprise de distribution d'eau serait trop forte pour les points de puisage domestiques, elle doit être réduite, à l'intérieur du bâtiment, au moyen d'un dispositif ad hoc. Ici, la pression aval s'exerce sur une membrane mobile, qui ouvre ou ferme un

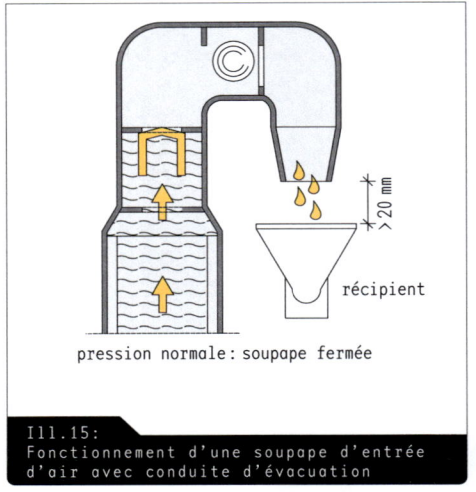

Ill.15:
Fonctionnement d'une soupape d'entrée d'air avec conduite d'évacuation

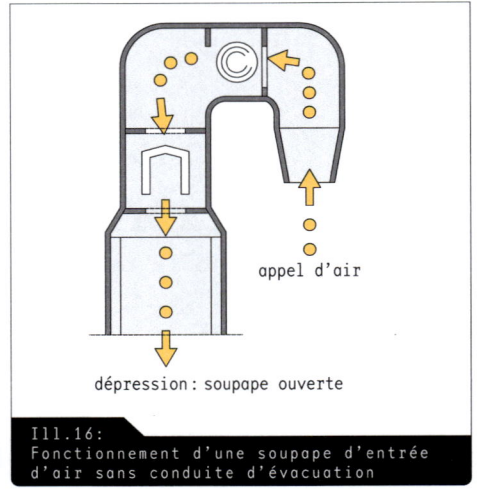

Ill.16:
Fonctionnement d'une soupape d'entrée d'air sans conduite d'évacuation

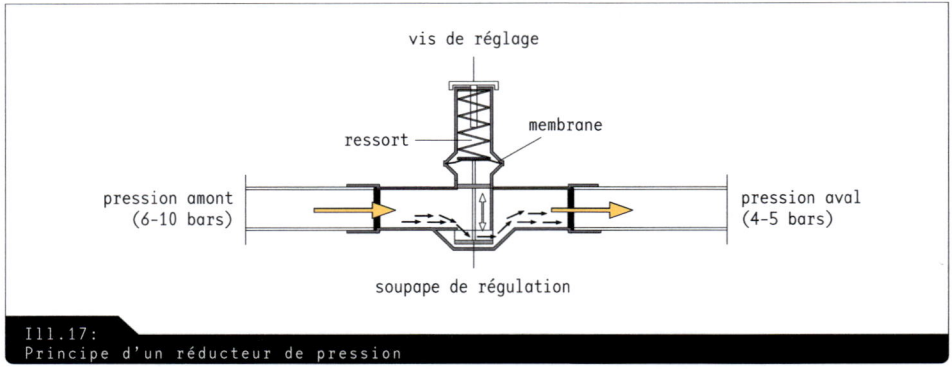

Ill.17:
Principe d'un réducteur de pression

clapet à ressort en fonction du serrage de la vis de réglage. › Ill. 17 Un tel réducteur de pression devrait rester accessible à des fins de maintenance.

Filtres
Pour exclure la présence d'impuretés ou de particules de rouille dans l'eau sanitaire, tout système d'alimentation est muni de filtres fins, la plupart du temps placés entre le compteur d'eau et le réducteur de pression, afin d'éviter que ce dernier ne s'encrasse. La pose d'un filtre n'est cependant judicieuse que si celui-ci est régulièrement entretenu, car une cartouche filtrante ne reste pas indéfiniment exempte de germes.

Distances de sécurité
Les conduites d'eau sanitaire enterrées devraient présenter une distance de sécurité d'au moins 1 m par rapport aux canalisations d'eaux usées passant au-dessus d'elles, de manière à exclure toute contamination en cas de fuite. S'il n'est pas possible d'observer une telle distance, les

Tab.4:
Épaisseurs courantes de calorifuge pour les conduites d'eau froide

Conduite	Épaisseur de calorifuge
_ Posée à découvert dans un local non chauffé _ Logée dans une gaine technique, sans conduites chaudes à proximité immédiate _ Engravée	4 mm
_ Posée à découvert dans un local chauffé	9 mm
_ Logée dans une gaine technique, à proximité de conduites chaudes	13 mm

Les épaisseurs indiquées s'appliquent à un calorifuge d'une conductivité thermique de 0,035 W/m²K et doivent être recalculées pour d'autres matériaux.

conduites d'eau sanitaire doivent alors être posées au-dessus des canalisations d'eaux usées, auquel cas une distance de 20 cm entre les deux suffit.

Calorifugation Pour éviter que les conduites d'eau froide ne se réchauffent et ne se chargent de germes du fait de la proximité de conduites d'eau chaude ou de chauffage, il convient de les envelopper d'un matériau calorifuge ou de ménager entre les deux types de conduites une distance suffisante. Il est aussi nécessaire d'isoler les conduites d'eau froide lorsqu'elles traversent des locaux chauds. › Tab. 4

› ◊

SYSTÈMES DE PRODUCTION D'EAU CHAUDE

Pour couvrir les besoins quotidiens des usagers en eau chaude, une partie de l'eau sanitaire est chauffée avant d'être distribuée au sein du bâtiment. Un système de production et de distribution d'eau chaude se compose d'une conduite d'amenée d'eau froide, d'un générateur de chaleur, d'un éventuel réservoir d'eau chaude, de conduites de distribution d'eau chaude ainsi que d'éventuelles conduites de bouclage, destinées à assurer l'alimentation instantanée des points de puisage en eau chaude.

◊
\\ Important:
De l'eau de condensation étant susceptible de se former à la surface des conduites d'eau froide, celles-ci devraient toujours passer sous les conduites de gaz, sans quoi ces dernières risqueraient d'être endommagées sous l'effet de la corrosion et, partant, de fuir.

Tab. 5:
Épaisseurs courantes de calorifuge pour les conduites d'eau chaude

Diamètre nominal de la conduite	Épaisseur de calorifuge
_ Jusqu'à DN 20	20 mm
_ De DN 22 à DN 35	30 mm
_ De DN 40 à DN 100	comme DN
_ Au-delà de DN 100	100 mm

L'épaisseur de calorifuge peut être réduite de moitié :
_ Pour les conduites de moins de 8 m de long
_ Au niveau des croisements entre conduites

Pose des conduites

Lorsque l'eau chaude est produite dans une installation centrale, les conduites d'eau chaude suivent en général un cheminement parallèle à celui des conduites d'eau froide et présentent à peu près la même section. La température de l'eau dans les conduites est comprise entre 40 et 60 °C. Pour éviter les déperditions d'énergie, il convient de limiter autant que possible la longueur des conduites d'eau chaude et, si elles traversent des locaux froids, de les calorifuger, en vue de quoi on devra prévoir, lors de la définition de leur tracé, un espace d'installation suffisant.

En général, l'épaisseur du calorifuge correspond à peu près au diamètre de la conduite. La moitié de cette épaisseur se révèle cependant suffisante pour les tubes de moins de 8 m de long, ainsi qu'aux endroits où les conduites se croisent (p. ex. dans un sol) ou traversent un mur ou un plancher. › Tab. 5

Alimentation individuelle, groupée ou centralisée

Dans un bâtiment, le système de production d'eau chaude peut être centralisé ou décentralisé. On parle d'<u>alimentation individuelle</u> lorsqu'il est raccordé à un seul point de puisage, d'<u>alimentation groupée</u> lorsqu'il en dessert plusieurs. › III. 18 et 19 Dans le cas d'une <u>alimentation centralisée</u>, tous les points de puisage du bâtiment sont alimentés en eau chaude par un générateur de chaleur central. › III. 20 Il est aussi possible de combiner alimentation individuelle, groupée et centralisée, par exemple pour pouvoir éteindre la chaudière centrale en été, tout en continuant de bénéficier d'une alimentation individuelle en eau chaude.

Générateur de chaleur

Il existe deux grands types de générateurs destinés à la production d'eau chaude : les <u>chauffe-eau instantanés</u>, qui chauffent l'eau au moment même où l'on en a besoin, et les <u>chauffe-eau à accumulation</u>, qui maintiennent l'eau chaude en permanence. On établit une autre distinction en fonction de la source de chaleur utilisée : combustibles solides, mazout, gaz, électricité, géothermie ou énergie solaire. L'eau peut être chauffée soit

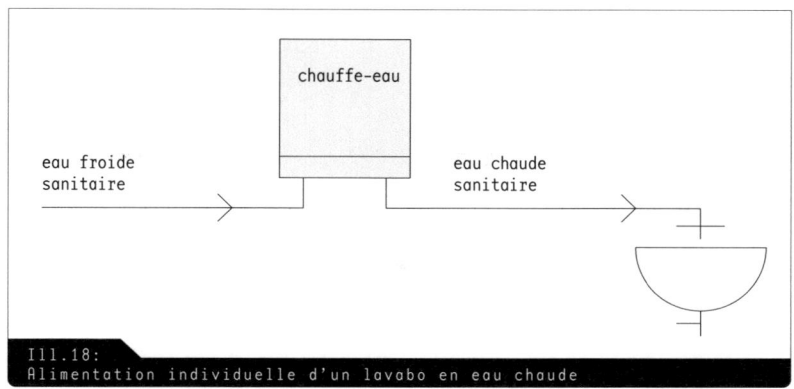

Ill.18:
Alimentation individuelle d'un lavabo en eau chaude

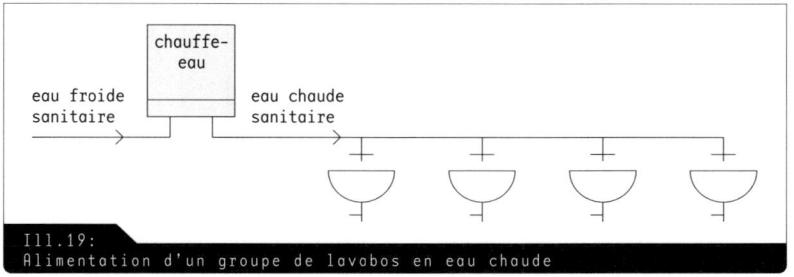

Ill.19:
Alimentation d'un groupe de lavabos en eau chaude

de façon indirecte, via un <u>échangeur de chaleur</u> et un fluide caloporteur, soit par transfert direct de la chaleur à l'eau.

Lorsque c'est possible, on utilise un même générateur central pour le chauffage du bâtiment et la production d'eau chaude. L'installation se compose alors d'un réservoir servant à la fois à stocker l'eau chaude sanitaire et à fournir la chaleur nécessaire au circuit de chauffage, ainsi que du générateur proprement dit, qui cède sa chaleur à l'eau sanitaire via

\\ Remarque:
Un échangeur thermique a pour fonction de transférer la chaleur d'un fluide à un autre. Le fluide caloporteur peut par exemple être de l'eau cédant sa chaleur à l'air, comme dans le cas d'un radiateur. Lorsqu'il s'agit de produire de l'eau chaude, l'échangeur se trouve à l'intérieur du réservoir.

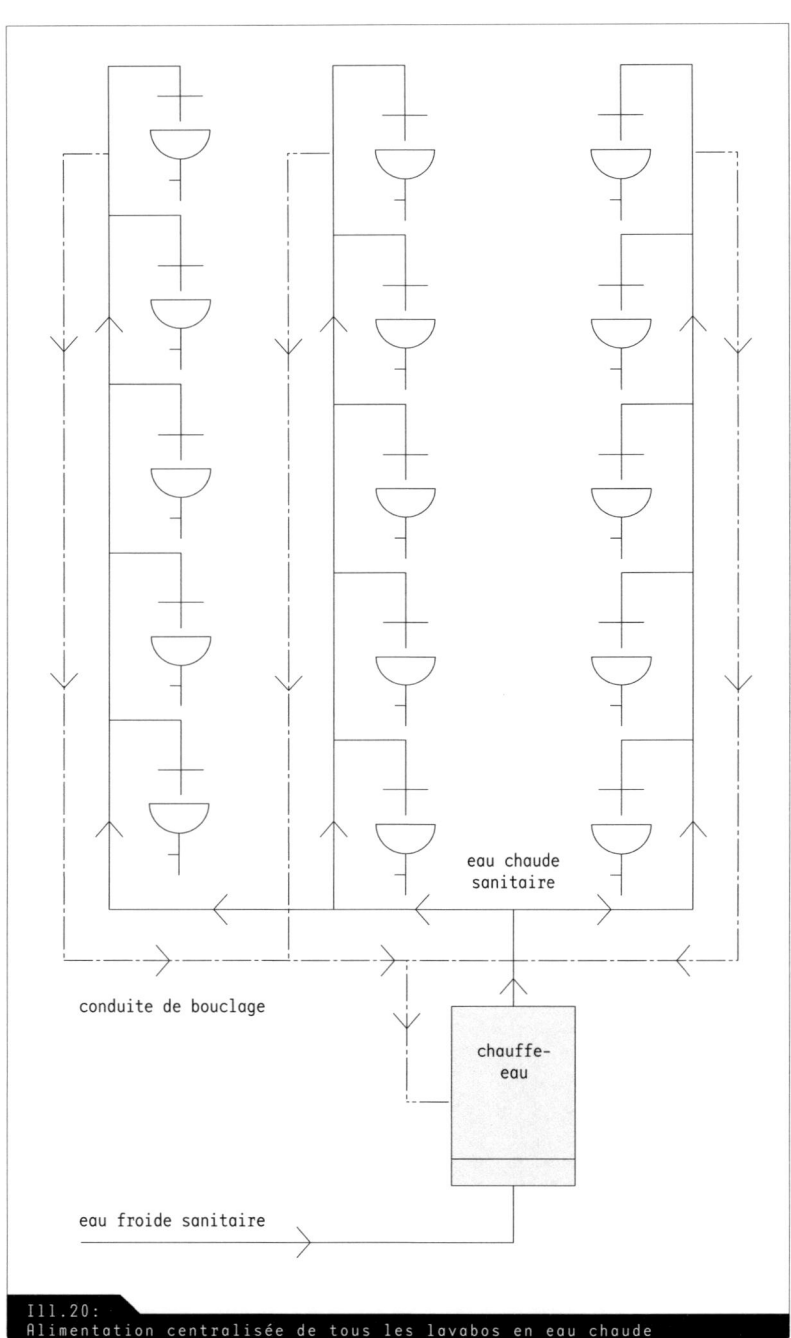

Ill.20 : Alimentation centralisée de tous les lavabos en eau chaude

un échangeur thermique. Des pompes font ensuite circuler eau chaude et énergie de chauffage jusqu'aux points de puisage et aux corps de chauffe. L'avantage des installations centralisées est qu'elles permettent de raccorder au réservoir – tout de suite ou après-coup – une installation solaire contribuant à la production d'eau chaude.

Chauffe-eau instantanés

Les chauffe-eau instantanés portent sans délai l'eau à une température d'environ 60 °C. > III. 21 Ils ont l'avantage de ne chauffer que l'eau dont on a effectivement besoin. À la différence des chauffe-eau à accumulation, ils permettent d'éviter les pertes en attente et fournissent une eau que l'on peut, de manière générale, qualifier de fraîche.

Peu encombrants, les chauffe-eau instantanés sont bon marché à installer et d'une grande efficacité. Il faut toutefois compter avec une phase de mise en marche durant laquelle de l'eau froide s'écoule inutilement dans les canalisations d'eaux usées. En veillant à ce que les conduites reliant le chauffe-eau aux points de puisage soient le plus courtes possible, on pourra réduire d'autant les pertes d'eau froide, mais jamais les éviter tout à fait.

Les chauffe-eau instantanés peuvent fonctionner aussi bien à l'électricité qu'au gaz. Les systèmes électriques requièrent la plupart du temps un raccordement triphasé, ceux à gaz une cheminée ou un conduit d'évacuation des gaz brûlés. L'électricité étant un agent énergétique très cher à produire, les chauffe-eau électriques entraînent d'importants frais d'exploitation et ne devraient être utilisés que si les quantités d'eau chaude à produire sont faibles ou si des raisons valables excluent toute alternative. Quant au gaz, il s'agit certes d'un agent énergétique fossile, mais c'est celui dont la combustion génère le moins de dioxyde de carbone (CO_2).

Conçus comme systèmes combinés, les chauffe-eau instantanés au gaz peuvent produire à la fois de l'eau chaude et de l'énergie de chauf-

\\ Remarque :
Les agents énergétiques fossiles sont le charbon, le pétrole et le gaz. Leur combustion génère du dioxyde de carbone (CO_2) et contribue de ce fait au réchauffement climatique. En outre, on sait que leurs réserves sont limitées et l'on voit venir le jour où elles seront tout à fait épuisées.

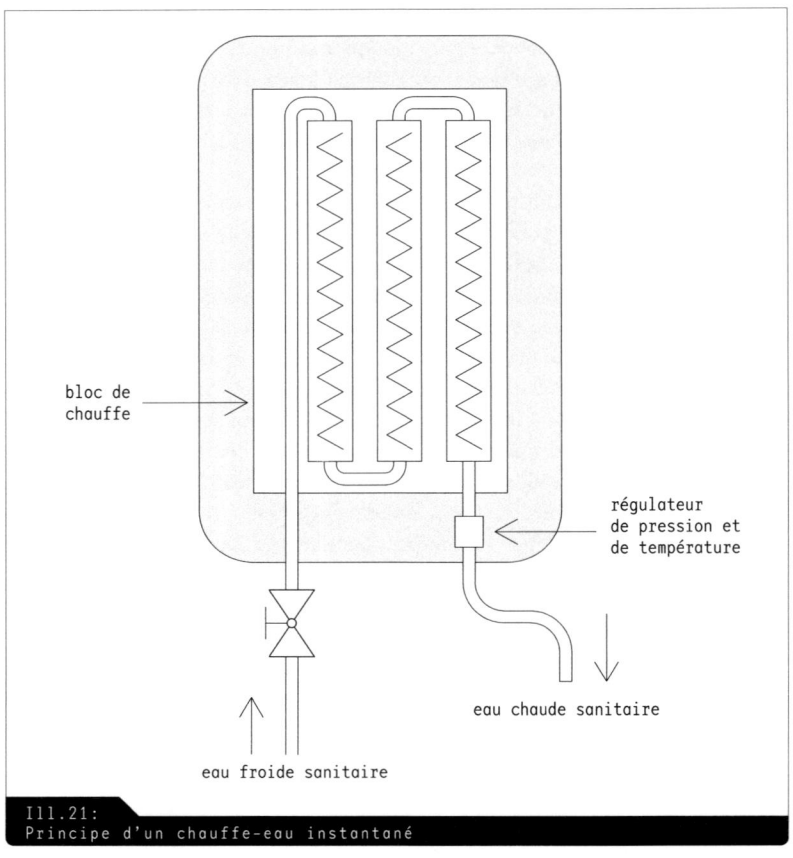

Ill.21:
Principe d'un chauffe-eau instantané

fage. Un dispositif hydraulique, thermique ou électronique permet d'en réguler le débit. Les chauffe-eau instantanés peuvent desservir simultanément plusieurs points de puisage et se prêtent donc à une alimentation aussi bien individuelle que groupée ou centralisée. Leur puissance ne suffit cependant pas pour fournir en même temps de grandes quantités d'eau chaude, telles qu'en requièrent par exemple les hôtels ou les complexes sportifs. Dans de tels cas, il convient en général de prévoir un système à accumulation.

Chauffe-eau instantanés à réservoir intégré

Constituent une solution hybride les chauffe-eau instantanés auxquels sont intégrés de petits réservoirs d'eau chaude d'environ 15 à 100 l. Lorsqu'on a besoin de plus d'eau que n'en contient le ballon (p. ex. pour un bain), le reste de l'eau est chauffé selon le principe du chauffe-eau instantané. De tels systèmes sont la plupart du temps utilisés pour alimenter en

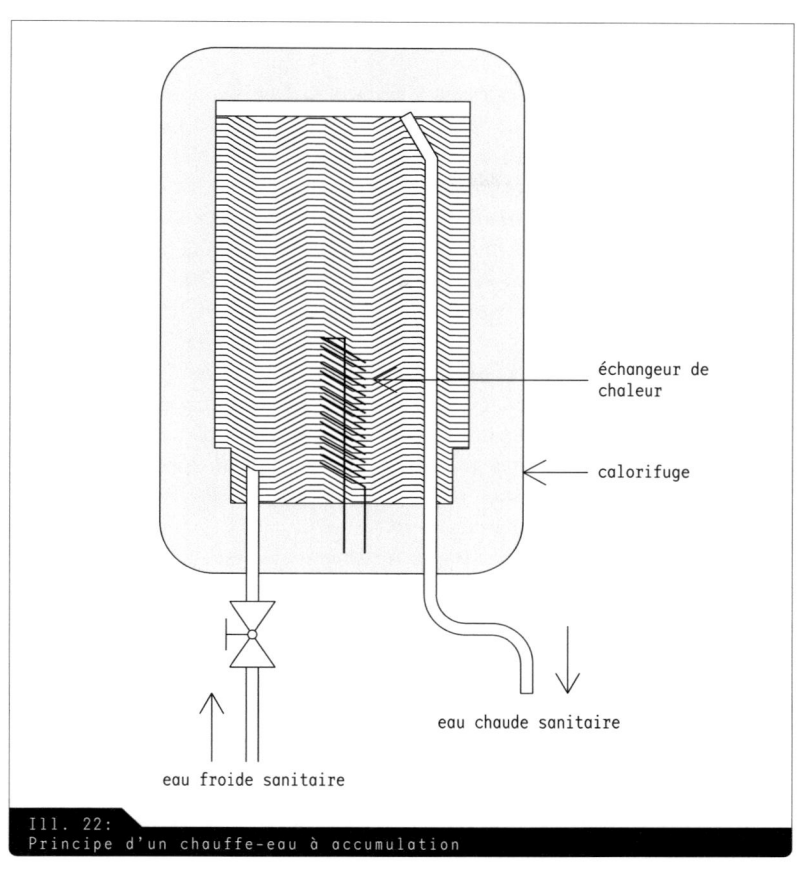

Ill. 22:
Principe d'un chauffe-eau à accumulation

eau chaude et en énergie de chauffage des bâtiments d'habitation de taille modeste.

Chauffe-eau à accumulation

Les chauffe-eau dits à accumulation maintiennent en permanence l'eau contenue dans le réservoir à une température d'environ 60 °C. › Ill. 22 L'eau peut être chauffée soit par une source de chaleur directement raccordée au ballon, soit, indirectement, par un fluide caloporteur (p. ex. de l'eau glycolée dans le cas d'une installation solaire). › Chap. Systèmes de production d'eau chaude, Production solaire d'eau chaude

Le ballon d'eau chaude est en général placé à côté de la chaudière centrale du bâtiment. Si les réservoirs fermés, résistants à la pression et calorifugés peuvent alimenter plusieurs points de puisage, ceux ouverts, sans pression et non calorifugés sont destinés à n'en alimenter qu'un.

Les systèmes à accumulation peuvent être raccordés, dès le départ ou après-coup, à une installation solaire. Ballon d'eau chaude et générateur de chaleur étant ici directement liés, le second réchauffe l'eau contenue dans le premier lorsque sa température descend au-dessous d'un niveau déterminé ou que la chaleur fournie par l'installation solaire ne suffit pas. L'inconvénient des chauffe-eau à accumulation réside dans le fait que l'eau peut croupir si elle n'est pas utilisée pendant longtemps.

Par rapport aux chauffe-eau instantanés décentralisés, proches des points de puisage, les systèmes à accumulation centralisés engendrent des coûts d'installation plus élevés, car leurs conduites, en général beaucoup plus longues, requièrent des travaux de plomberie plus importants. Globalement, toutefois, de tels systèmes permettent de réaliser des économies, pour autant que la production d'eau chaude soit combinée avec le chauffage du bâtiment et qu'il ne faille qu'un générateur de chaleur.

Légionelles

Les tuyauteries surdimensionnées, les ballons d'eau chaude à grande capacité et les conduites d'eau sanitaire mal isolées peuvent entraîner la propagation de légionelles, bacilles que l'on ne trouve qu'en faible concentration dans l'eau froide, mais qui prolifèrent dès que l'eau se réchauffe quelque peu. Ce n'est pas en buvant une telle eau que l'homme est infecté, mais en inhalant des aérosols contaminés, par exemple sous la douche. Les symptômes de la légionellose sont similaires à ceux de la pneumonie : fièvre, douleurs musculaires, toux et grandes difficultés respiratoires. Aussi risque-t-on de la confondre avec un état grippal. Si la maladie n'est pas détectée à temps et traitée aux antibiotiques, elle peut se révéler mortelle.

Si la température de l'eau en attente dans un ballon tombe pendant un certain temps à 30-45 °C, il y a risque de contamination. Une méthode aussi simple qu'efficace pour éviter la prolifération de légionelles dans l'eau sanitaire est la désinfection thermique de l'eau stockée : une fois par

\\ Remarque :
Les réservoirs sans pression et non calorifugés sont souvent installés sous les lavabos et les éviers, qu'ils permettent d'alimenter rapidement en eau chaude, quoiqu'en quantités limitées. On y recourt par exemple dans les cuisinettes des immeubles de bureaux.

jour ou par semaine, l'eau chaude est portée à une température de plus de 60 °C, ce qui tue les bacilles. Un autre procédé envisageable est la désinfection électrolytique, consistant à générer, dans l'eau, des substances désinfectantes.

Production solaire d'eau chaude

Les capteurs solaires n'émettant pas de substances nocives, il représentent le mode de production de chaleur le plus respectueux de l'environnement. Les installations solaires dites thermiques sont surtout utilisées pour la production d'eau chaude. Moyennant un climat propice, une orientation favorable du bâtiment et une surface de capteurs deux fois plus importante, elles peuvent aussi assurer un appoint de chauffage.

Une installation solaire thermique se compose de capteurs plats ou à tubes sous vide – qui se distinguent par leur efficacité et leur prix –, du circuit destiné à transporter la chaleur captée à l'aide d'un mélange d'eau et de glycol, ainsi que du réservoir d'eau chaude. La chaleur transportée depuis les capteurs est transmise à l'eau du réservoir par un échangeur thermique intégré à ce dernier. > Ill. 23

Le dimensionnement de l'installation dépendra du type de capteurs choisi et du but poursuivi (production d'eau chaude avec ou sans appoint de chauffage).

Les capteurs plats se composent d'une plaque absorbante dotée d'une couche mince à haute sélectivité, à même d'absorber la quasi-totalité du rayonnement solaire incident. Isolée sur sa face inférieure et sur les côtés,

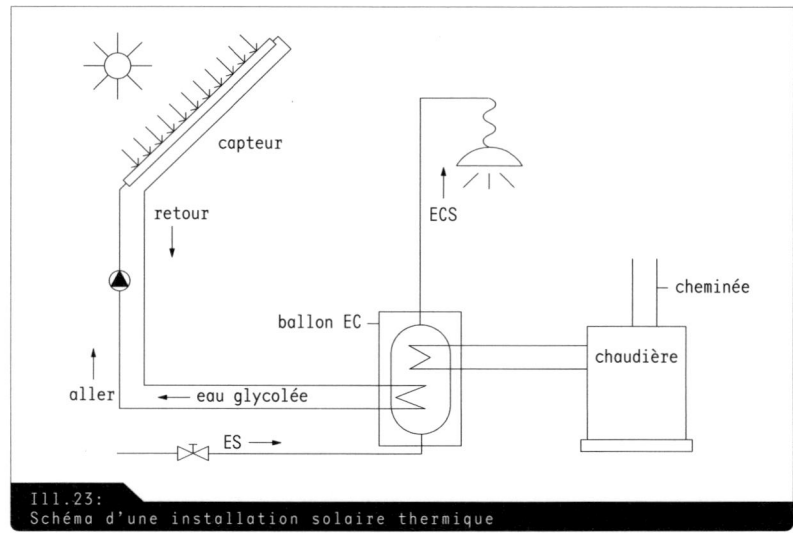

Ill.23 : Schéma d'une installation solaire thermique

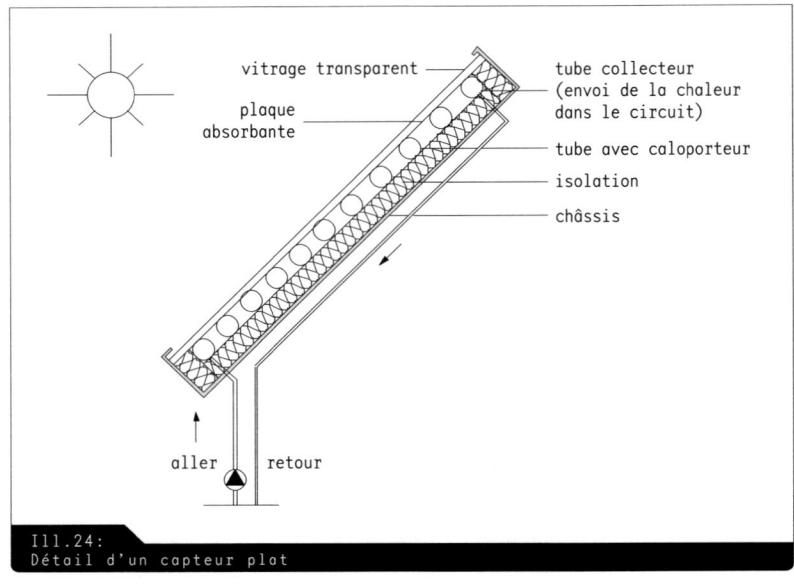

Ill. 24 :
Détail d'un capteur plat

Capteurs plats

cette plaque est posée dans un châssis fermé par un vitrage transparent en verre de sécurité antireflet à fort taux de transmission énergétique. Sous ce vitrage sont posés des tubes remplis d'un fluide caloporteur, qui absorbent la chaleur et la transportent jusqu'au ballon d'eau chaude. › Ill. 24-26

Dans un capteur à tubes sous vide, l'absorbeur se trouve dans des tubes de verre hermétiquement fermés, qui en augmentent l'efficacité. › Ill. 27 Chaque capteur se compose de plusieurs tubes juxtaposés, venant se ficher dans un caisson dans lequel passe la conduite d'eau glycolée. Lors du montage, il est possible de tourner les tubes de chaque capteur selon l'angle le plus favorable et d'obtenir ainsi de bons rendements même

>
> \\ Astuce :
> Dans un climat comme celui de l'Europe centrale, on peut partir du principe qu'il faut, pour assurer la production d'eau chaude dans un immeuble de logements, une surface de capteurs d'environ 1,2 à 1,5 m² par habitant. Pour garantir, en plus, un appoint de chauffage en hiver, il faut prévoir une surface deux fois plus grande, soit de 2,4 à 3,0 m².

Ill.25:
Capteurs plats montés sur support

Ill.26:
Capteurs plats intégrés à la façade

Ill.27:
Capteur à tubes sous vide

Capteurs à tubes sous vide

lorsque l'orientation et l'inclinaison des panneaux ne sont pas tout à fait optimales. Il est en outre possible d'accroître le rayonnement incident et, partant, le rendement des capteurs en garnissant ceux-ci de réflecteurs latéraux en tôle. Du fait de la grande efficacité de ces capteurs, une surface

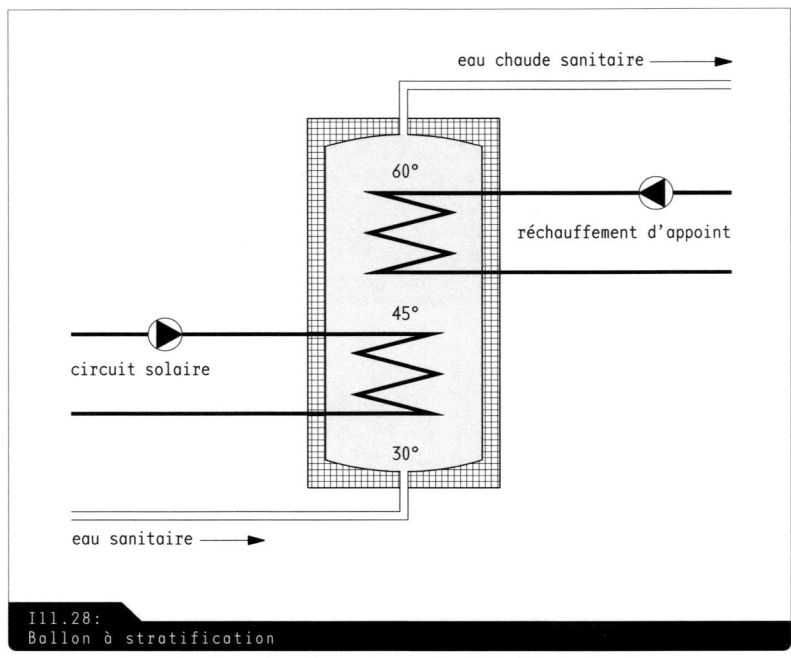

Ill.28:
Ballon à stratification

de 0,8 à 1,0 m² par personne suffit pour assurer la production d'eau chaude dans les bâtiments d'habitation.

La plupart du temps, les capteurs solaires destinés à produire de l'eau chaude toute l'année sont intégrés à des versants de toiture dont l'orientation va du sud-est au sud-ouest, ou bien montés, dans le cas des toits plats, sur des supports d'une inclinaison comprise entre 30 et 45°. Lorsque les capteurs sont destinés à fournir un appoint de chauffage, leur inclinaison peut aller, sous nos latitudes, jusqu'à 60°, l'angle d'incidence du rayonnement solaire étant bien moindre en hiver. Il est aussi envisageable de poser les panneaux contre les façades ou les garde-corps des balcons, surtout s'il s'agit de capteurs à tubes sous vide. S'il se révèle impossible de donner aux capteurs une inclinaison ou une orientation favorables, on pourra, au besoin, remédier à cet inconvénient en prévoyant une surface de capteurs plus grande.

Si le rayonnement solaire est faible en hiver, les capteurs ne peuvent couvrir qu'une partie des besoins annuels en eau chaude, le chauffage devant, lui, être assuré autrement. Dans ce cas, il est recommandé de combiner production d'eau chaude et chauffage d'appoint, en prévoyant un <u>ballon à stratification</u> servant aussi au chauffage du bâtiment. › Ill. 28

Orientation

Couverture des besoins

Dans un tel ballon, la zone la plus chaude se trouve en haut, l'intermédiaire au milieu et la plus fraîche en partie basse, où est justement injectée l'eau froide. La conduite de départ du circuit de chauffage se branche, elle, en partie haute, où la température de l'eau est la plus élevée. Lorsque le rayonnement solaire est trop faible, un générateur de chaleur séparé porte l'eau à la température voulue via un échangeur thermique. Un tel système permet de couvrir environ 25 % des besoins en chauffage par de l'énergie renouvelable. Lorsque les installations solaires sont destinées à assurer un appoint de chauffage, le plus judicieux est de les combiner avec un système de chauffage par le sol ou les murs, requérant des températures de départ moins importantes qu'un système à radiateurs.

LOCAUX SANITAIRES

Une fois produite selon le système choisi, l'eau chaude est distribuée, dans des conduites parallèles à celles d'eau froide, jusqu'aux points de puisage des cuisines, salles de bains et autres locaux devant en disposer. Les locaux dits sanitaires, aussi appelés pièces d'eau, sont surtout destinés à l'hygiène et aux soins corporels. Ils comptent parmi les locaux nécessitant le plus d'installations d'alimentation en eau froide et chaude et d'évacuation des eaux usées. Pour limiter au maximum l'ampleur de la tuyauterie et, partant, celle des travaux de plomberie, il convient de regrouper ces locaux, de manière à minimiser le nombre de gaines techniques nécessaires ainsi que la longueur des conduites. Rassembler ces dernières n'en simplifie pas seulement la pose, mais améliore aussi la protection phonique des locaux voisins.

Dans les pièces d'eau, les sources de bruit sont multiples : chasses d'eau, écoulement des eaux usées dans les conduites, robinets ouverts, bruits solidiens transmis par les murs et les planchers, etc. Pour éviter les nuisances sonores, les pièces sensibles, comme les salons et les chambres à coucher, ne devraient pas jouxter les salles de bains et les toilettes. En effet, il n'est pas possible d'isoler les gaines et banquettes techniques au

\\ Remarque :
Pour plus d'informations sur les systèmes de chauffage, voir Oliver Klein et Jörg Schlenger, *Basics Climatisation*, Birkhäuser, Bâle 2009, chapitre « Systèmes de régulation thermique ».

Protection phonique

point d'empêcher toute propagation incommodante des bruits de tuyauterie. Il n'est recommandé de placer une pièce d'eau contre un mur séparant deux logements que si l'on trouve aussi, de l'autre côté, une cuisine, une salle de bains ou un autre local peu sensible au bruit, à moins qu'il s'agisse de deux bâtiments mitoyens séparés par un joint.

Les saignées ne permettent pas non plus une bonne protection phonique. Il est certes possible de réduire les nuisances en isolant les conduites qui y sont logées, mais les saignées doivent alors présenter une telle profondeur qu'elle se révèle souvent problématique d'un point de vue statique.

Les baignoires et les cuvettes de WC posées sur le sol devraient prendre appui sur une semelle élastique ou sur une chape flottante, de manière à éviter que les bruits solidiens ne se transmettent aux locaux voisins via le plancher. Quant aux éléments suspendus tels que cuvettes de WC, lavabos ou tablettes, on devrait les fixer, au moyen de tampons insonorisants ou de profilés en plastique empêchant la transmission des bruits solidiens, soit à des banquettes techniques, soit à des murs présentant le plus grand poids surfacique possible.

En matière de protection phonique, on classe les organes de robinetterie des salles de bains en deux catégories : les robinets silencieux font partie de la classe I, ceux dont le niveau sonore est plus élevé de la ne pas séparer Il convient donc, en principe, de privilégier les robinets de la classe I, même s'ils sont plus chers.

La conception des pièces d'eau est une tâche exigeante, car il ne s'agit pas seulement de garantir un design de qualité et une protection phonique efficace, mais aussi la bonne intégration d'un grand nombre de conduites. L'architecte devra donc en étudier minutieusement les plans, un mauvais agencement des appareils sanitaires risquant fort de compliquer la pose des conduites et d'entraîner des problèmes de nature à la fois technique, pratique et économique.

Disposition des installations

Lorsqu'on dessine une pièce d'eau, il convient de considérer la distance qui sépare les appareils sanitaires des colonnes montantes et des canalisations d'évacuation des eaux usées, et d'examiner comment on peut les y raccorder de la façon la plus simple et directe possible. Si les conduites d'alimentation en eau sanitaire sont de petite section et peuvent être intégrées sans difficulté aux planchers, il en va autrement des canalisations d'évacuation des eaux usées, qui présentent un diamètre assez important et requièrent, à l'intérieur du bâtiment, une pente minimale de 2 %. Les canalisations d'évacuation de certains appareils sanitaires ne partent qu'à quelques centimètres du sol, si bien qu'elles

Ill. 29:
Bâti-support d'une banquette technique utilisable des deux côtés

ne peuvent être raccordées sans problème aux tuyaux de chute que si elles en sont très proches.

Les conduites d'alimentation et d'évacuation posées à découvert font beaucoup de bruit. Pour atténuer ces nuisances, on recourra soit à des banquettes techniques, pouvant être construites de diverses manières, soit à des gaines traversant les étages, deux solutions qui remplaceront avantageusement les saignées, d'une exécution souvent fastidieuse.

Au lieu de fixer les appareils sanitaires à des murs massifs et de maçonner les vides entre les conduites, on recourt souvent, pour des raisons à la fois statiques et phoniques, à ce qu'on appelle des banquettes techniques. Composées d'un bâti-support métallique et d'un système de fixation spécial, celles-ci sont remplies d'isolation, puis revêtues de plaques de placoplâtre. › Ill. 29 En général, elles ont entre 1,00 et 1,50 m de hauteur et font saillie d'environ 20 à 25 cm par rapport au mur proprement dit, en fonction du diamètre des conduites à y loger. Elles n'abritent en principe que les conduites ne se poursuivant pas au-delà de l'étage en question, à moins qu'elles ne soient directement reliées à une gaine technique. Dans les salles de bains, le dessus des banquettes techniques peut servir de tablette.

Une autre solution consiste à mettre en œuvre des éléments préfabriqués en béton cellulaire à base de polyester, déjà munis de tous les branchements, réservoirs encastrés et fixations nécessaires à la pose des appareils sanitaires. D'une profondeur d'environ 15 cm, ces «blocs» compacts peuvent être soit fixés aux murs, moyennant un dispositif insonorisant, soit posés sur des pieds prenant appui sur la dalle de plancher. Une fois les éléments montés, les vides doivent être maçonnés ou remplis de mortier.

<small>Banquettes techniques</small>

Équipements sanitaires

La taille et l'équipement des locaux sanitaires dépendront en premier lieu du nombre de leurs usagers et des exigences spécifiques de ces derniers. Les dimensions précises d'une salle de bains seront déterminées par les appareils sanitaires à installer et par les distances à ménager entre eux. ⟩ Ill. 30

Dans les logements occupés par plus de deux personnes, on pensera à séparer salle de bains et toilettes, de manière à faciliter l'utilisation quotidienne de ces locaux. Pour une famille de plus de deux enfants, il est recommandé de prévoir non seulement des toilettes séparées, mais aussi une douche supplémentaire à côté de la salle de bains proprement dite. Au moment de définir la taille des locaux sanitaires et leur disposition en plan, on veillera à ce que les pièces d'eau soient en principe contiguës, de manière à pouvoir regrouper les conduites et à limiter les linéaires de tuyauterie.

Pour pouvoir être utilisés sans encombre, les appareils sanitaires doivent être espacés d'au moins 25 cm, à moins qu'ils ne se trouvent à des hauteurs différentes. Ainsi le bord d'un lavabo pourra-t-il par exemple se superposer à celui d'une baignoire, beaucoup plus basse. Il convient par ailleurs de ménager devant chaque appareil un dégagement garantissant la liberté de mouvement voulue. ⟩ Ill. 31

Lavabos

On fait la distinction, d'après leur taille, entre les <u>lavabos</u> et les <u>lave-mains</u>. Alors que les seconds, plus petits, sont installés dans les toilettes et ne servent, comme leur nom l'indique, qu'à se laver les mains, les premiers doivent permettre d'y plonger les bras au moins jusqu'au coude. Les lavabos sont la plupart du temps en porcelaine vitrifiée ou en acrylique, parfois aussi en acier émaillé ou inoxydable. Leur bord supérieur se trouve

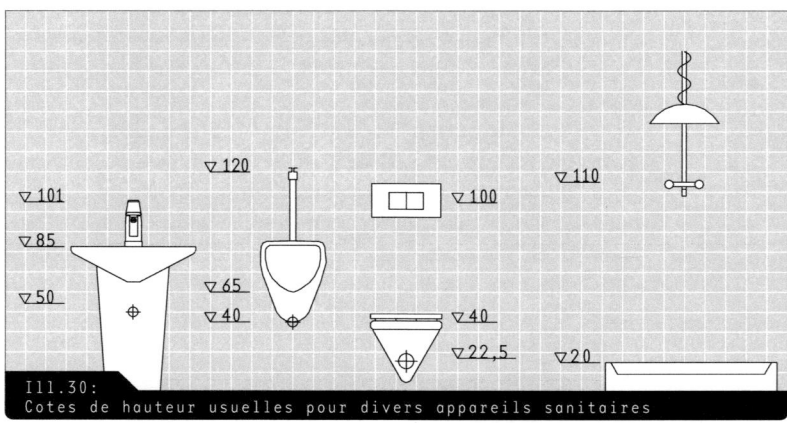

Ill. 30 : Cotes de hauteur usuelles pour divers appareils sanitaires

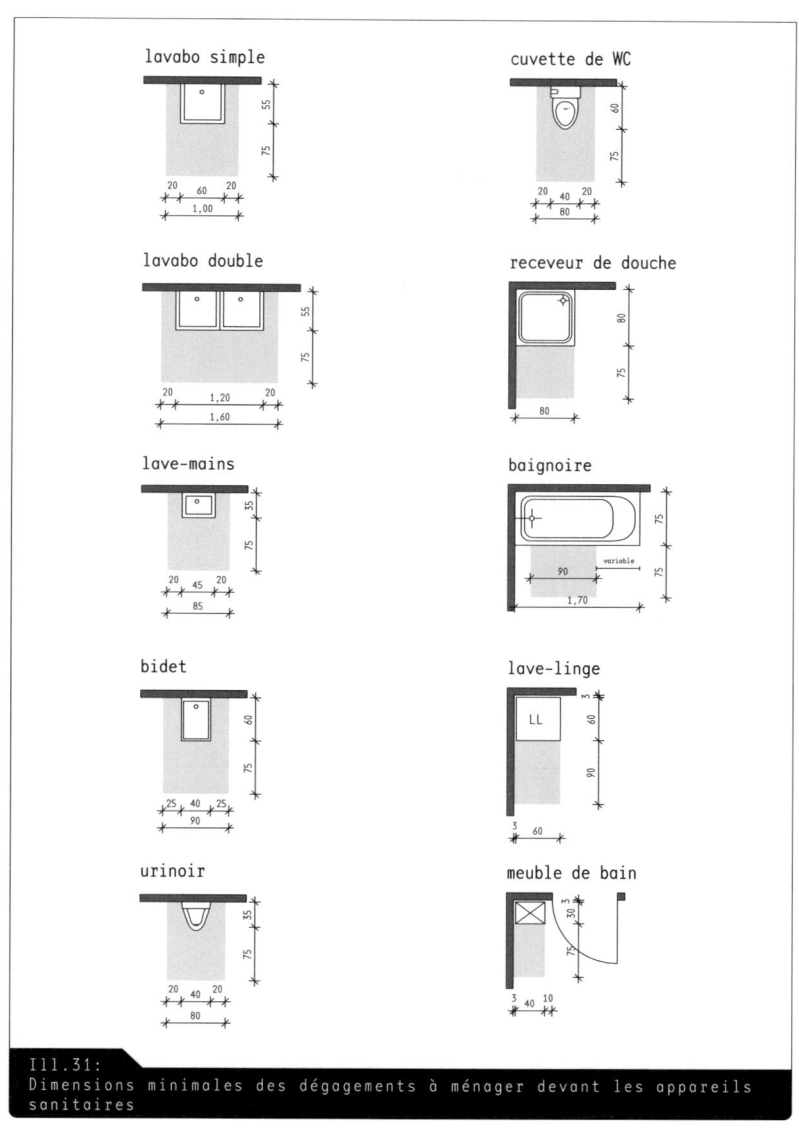

Ill.31 : Dimensions minimales des dégagements à ménager devant les appareils sanitaires

en général à 85–90 cm du sol. Si les lavabos doubles sont un peu moins encombrants que deux lavabos simples, ils doivent néanmoins présenter une largeur minimale de 120 cm pour pouvoir être utilisés par deux personnes en même temps sans qu'elles se gênent. › Ill. 32

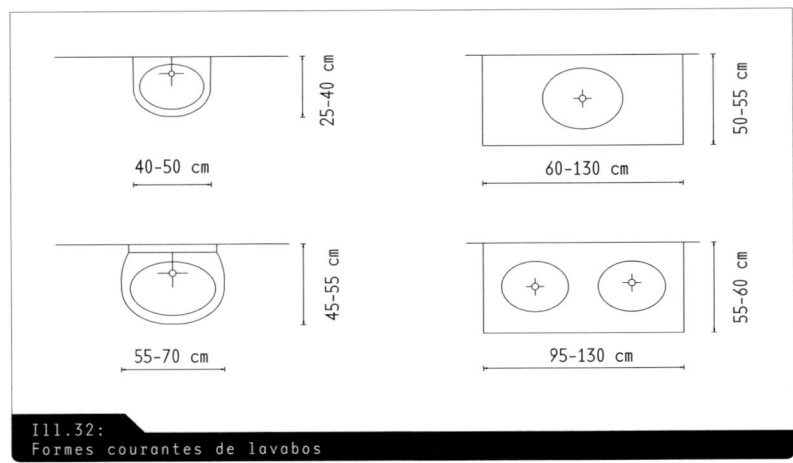

Ill.32:
Formes courantes de lavabos

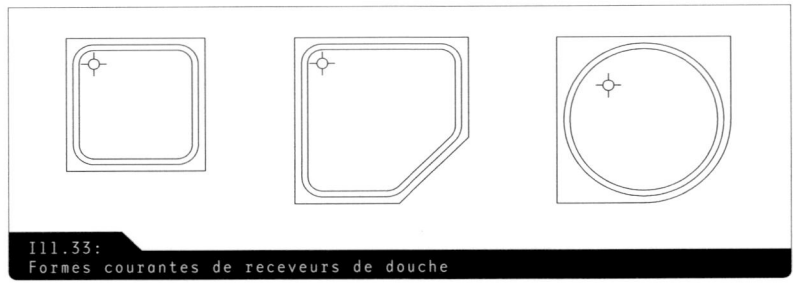

Ill.33:
Formes courantes de receveurs de douche

Des vannes d'arrêt sont montées sous le lavabo afin qu'on puisse couper l'alimentation des conduites d'eau chaude et froide en cas de réparation. Il est possible de cacher les conduites de distribution et d'évacuation d'eau ainsi que les siphons › Chap. Eaux usées et pluviales, Canalisations d'eaux usées dans le bâtiment en posant, sous le lavabo, des armoires ou des parements. Souvent, les lavabos sont intégrés à des meubles de bain dessinés sur mesure, ce qui permet d'exploiter au mieux la place disponible et d'optimiser l'habillage des conduites.

Douches   Les receveurs de douche sont en général en fonte émaillée, en tôle d'acier émaillée ou en acrylique. La forme des bacs, très variable, va du rectangle au carré, en passant par le cercle ou le demi-cercle. › Ill. 33 Le receveur carré standard mesure environ 80 cm de côté et 15 à 30 cm de hauteur, mais des dimensions plus généreuses et une moindre hauteur d'accès en rendent l'utilisation plus facile et confortable. Plus le bac est plat, toutefois, plus profonde doit être la réservation à ménager dans le sol pour la

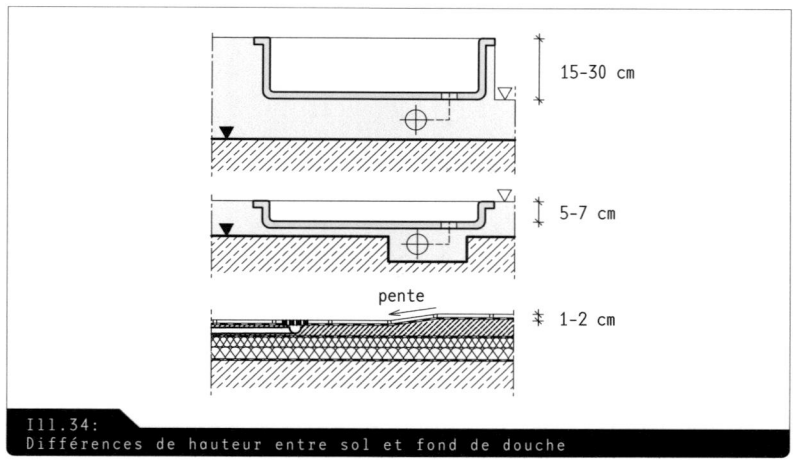

Ill. 34:
Différences de hauteur entre sol et fond de douche

canalisation d'évacuation des eaux usées, qu'il est d'ordinaire facile de poser sous le receveur. › Ill. 34 en haut et au milieu

Dans les salles de bains, il arrive que l'on renonce à installer un bac au profit d'une douche de plain-pied. › Ill. 34 en bas Outre les avantages qu'elle présente sur les plans esthétique et de l'entretien, une telle solution a le mérite de supprimer l'obstacle que représente un receveur. La bonde étant ici à fleur de sol, il s'agit d'accorder une attention toute particulière à l'étanchéité de la construction, et de prévoir une épaisseur de sol suffisante pour accueillir la canalisation d'évacuation des eaux usées, dotée de la pente nécessaire.

Les baignoires peuvent être soit posées librement dans la pièce, soit encastrées, le long des murs, dans un habillage maçonné et carrelé, soit encore incorporées à un élément préfabriqué en plastique expansé.

\\ Remarque:
En fonction des sollicitations prévisibles, l'étanchéité pourra se composer de lés, de colle ou d'autres matériaux appliqués en bain mince sur la couche support. L'étanchéité devra remonter jusqu'à au moins 15 cm du sol fini, ainsi que le long des murs exposés au rejaillissement de la douche, ce jusqu'à 20 cm au-dessus de la pomme de douche (même si celle-ci est installée dans la baignoire).

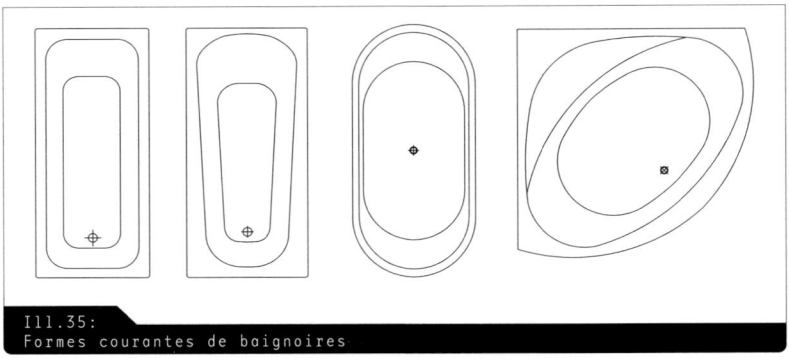

Ill.35:
Formes courantes de baignoires

Baignoires

> Ill. 35 Le plus souvent réalisées en fonte émaillée, en tôle d'acier ou en acrylique, elles présentent d'ordinaire une longueur de 170 à 200 cm, une largeur de 75 à 80 cm et une hauteur de 50 à 65 cm. Si une hauteur d'accès moins importante est requise, il s'agit alors de pratiquer dans la dalle de plancher une réservation destinée à accueillir la canalisation d'évacuation des eaux usées. Il est parfois possible de poser la baignoire à fleur de sol, par exemple si elle est intégrée à un plancher surélevé. Si tel n'est pas le cas, la dalle de plancher doit être fortement abaissée à l'endroit concerné.

Les vides compris entre baignoire et habillage sont remplis d'isolant, ceux compris entre bords de la baignoire et murs, calfeutrés au moyen de joints à élasticité durable. Pour permettre un accès aisé à la baignoire, il convient de ménager, devant son long côté, un dégagement de 90 × 75 cm.

Cuvettes de WC

Les cuvettes de WC peuvent être suspendues au mur ou posées sur le sol. > Ill. 36 Dans le premier cas, on les fixe la plupart du temps au bâti-support d'une banquette technique, ce qui permet d'en régler la hauteur et facilite le nettoyage du sol. La forme du WC dépend du mécanisme de rinçage à l'intérieur de la cuvette. Alors que les bâtiments anciens sont en général équipés de cuvettes à fond plat, celles-ci sont de plus en plus souvent remplacées par des cuvettes à fond creux, qui réduisent les nuisances olfactives. > Ill. 37

Dispositifs de chasse d'eau

Les dispositifs de chasse d'eau vont du robinet de chasse apparent ou intégré à une banquette technique, jusqu'au réservoir suspendu, encastré ou posé sur le WC. > Ill. 38 S'ils doivent bien entendu toujours se trouver au-dessus de la cuvette, leur hauteur peut varier. Dans les vieux immeubles, les réservoirs étaient souvent suspendus très haut et le rinçage provoquait beaucoup de bruit. Dans les constructions neuves, on suspend ou encastre plus bas des réservoirs beaucoup plus silencieux. Les robinets de chasse tirant parti de la pression régnant dans la conduite d'eau sanitaire, ils rendent tout réservoir superflu. Ils se ferment dès qu'on cesse de

Ill.36:
WC suspendu et WC sur pied

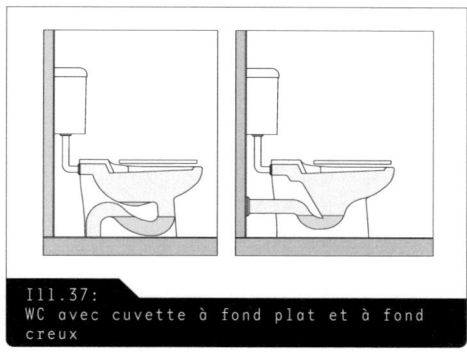

Ill.37:
WC avec cuvette à fond plat et à fond creux

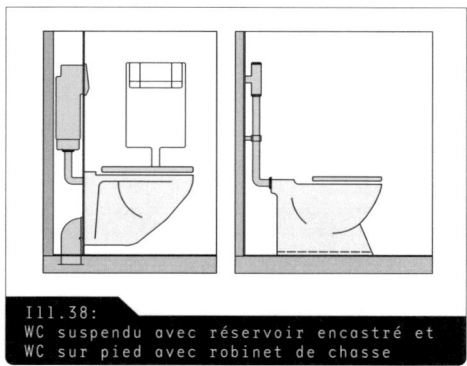

Ill.38:
WC suspendu avec réservoir encastré et WC sur pied avec robinet de chasse

les actionner. Les réservoirs, eux, se remplissent automatiquement après chaque rinçage.

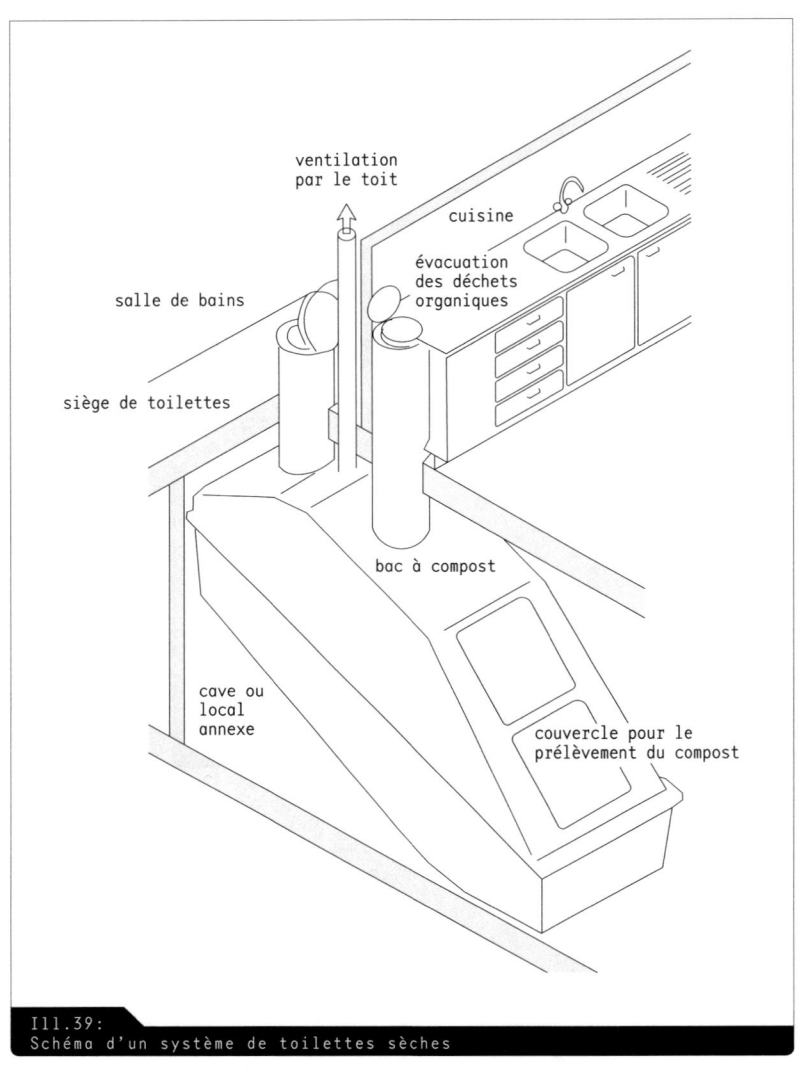

Ill.39:
Schéma d'un système de toilettes sèches

Dispositifs économiseurs d'eau

Plus d'un tiers de l'eau sanitaire consommée par jour et par personne, soit environ 35 à 45 l, l'est pour le rinçage des WC. Le potentiel d'économies est donc ici considérable. Les vieux réservoirs consomment entre 9 et 14 l d'eau par rinçage, les systèmes modernes environ 6 l. On peut régler la quantité d'eau de rinçage libérée en modifiant le niveau de remplissage du réservoir. De plus, il devrait être possible d'interrompre le rinçage en appuyant une seconde fois sur le bouton-poussoir. Si l'on souhaite réduire la quantité d'eau utilisée à 3 l par rinçage, il s'agit alors de prévoir une cuvette appropriée, sans quoi l'on risque d'être incommodé par les odeurs.

WC à aspiration

Utilisés depuis longtemps dans les trains à grande vitesse et les bateaux, les WC à aspiration ne consomment que 1,2 l d'eau par rinçage. Dans les immeubles de logements, une pompe aspire le contenu de la cuvette et l'envoie dans un réservoir à eaux-vannes (eaux noires) ventilé, d'où une seconde pompe l'évacue dans les égouts. En réduisant la consommation d'eau de rinçage, les WC à aspiration permettent de réaliser de substantielles économies sur les redevances d'assainissement. En outre, le fait que leurs tuyaux soient de section réduite facilite leur encastrement. En revanche, le rinçage lui-même génère beaucoup plus de bruit que dans le cas d'un WC ordinaire.

Toilettes sèches

Les toilettes sèches, dites aussi à compost, ne requièrent pas d'eau de rinçage du tout et ne produisent par conséquent pas eaux-vannes. On y recourt pour des raisons écologiques ou en l'absence d'égout. Elles se composent d'un bac auquel peuvent être raccordés aussi bien des sièges de WC que des conduits d'évacuation des déchets de cuisine organiques. › III. 39 Le bac à compost étant en permanence ventilé par dépression, les odeurs ne peuvent pas remonter dans les locaux. Sous l'effet de cette amenée d'air, la masse contenue dans le bac commence, après quelques mois, à se transformer en compost. Il en résulte des substances nutritives qu'il est ensuite possible d'utiliser, dans le jardin, pour amender le sol et nourrir les plantes.

Garnitures

En plomberie, le terme de garnitures désigne l'ensemble des dispositifs et accessoires dont sont dotées les installations sanitaires, à savoir les robinets, vannes et soupapes d'arrêt, mais aussi les organes de robinetterie dont sont équipés lavabos, douches et autres appareils sanitaires. Les organes d'arrêt, qui se différencient par leur mode de fermeture, servent à subdiviser la tuyauterie d'un bâtiment en tronçons pouvant être isolés du reste de l'installation d'alimentation en eau sanitaire au cas où un élément devrait être remplacé. À cet effet, on place des vannes d'arrêt avant et après les compteurs d'eau et après les filtres et les réducteurs de pression, › III. 40 ainsi qu'au pied de chaque colonne montante et au départ de chaque conduite d'alimentation d'étage. Les lavabos et les dispositifs de chasse des WC sont dotés d'autres organes du même genre.

Robinets muraux et sur plan

Parmi les robinets de puisage, on fait la distinction entre les robinets muraux et ceux montés sur plan de travail ou sur vasque. › III. 41 Les premiers, dont on équipe surtout les baignoires et les douches, sont directement fixés contre le mur, le plus près possible de la conduite d'alimentation en eau sanitaire. Quant aux seconds, ils se posent à même le plan du lavabo ou de l'évier et se raccordent à la colonne montante via des vannes d'arrêt

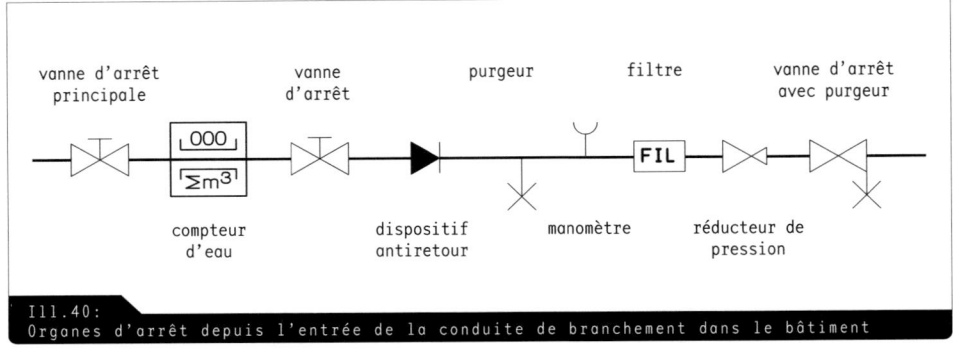

Ill.40:
Organes d'arrêt depuis l'entrée de la conduite de branchement dans le bâtiment

d'équerre. La forme des robinets varie en fonction de leur destination, ceux des éviers se distinguant par exemple de ceux des lavabos par un bec plus long.

Mélangeurs/ mitigeurs

Les robinets mélangeurs traditionnels se composent de deux têtes situées de part et d'autre du corps du robinet, celle de droite commandant en général l'alimentation en eau froide, celle de gauche l'alimentation en eau chaude. On ne peut régler la température de l'eau qu'en actionnant manuellement les deux têtes. Les robinets mitigeurs, appelés aussi mitigeurs monocommande, sont plus pratiques, car ils permettent de réguler au moyen d'un seul levier aussi bien la température de l'eau (mouvement latéral) que son débit (mouvement de bas en haut).

Robinets automatiques

Dans les toilettes publiques, les lavabos sont souvent équipés, pour des raisons d'hygiène, de robinets que l'on actionne sans contact manuel, en bougeant simplement les mains devant un émetteur infrarouges. Ceux dotés d'une commande électronique s'ouvrent même dès qu'on en approche les mains. Un régulateur de débit garantit un flot d'eau constant. Soit les robinets automatiques fonctionnent à piles, soit ils sont raccordés à un système d'alimentation électrique externe.

\\ Remarque:
Afin de conférer aux pièces d'eau un aspect d'ensemble équilibré, il convient d'adapter la position de tous les robinets et appareils sanitaires à la trame du carrelage. On pourra par exemple fixer les robinets muraux en les centrant sur les joints ou sur le milieu des carreaux.

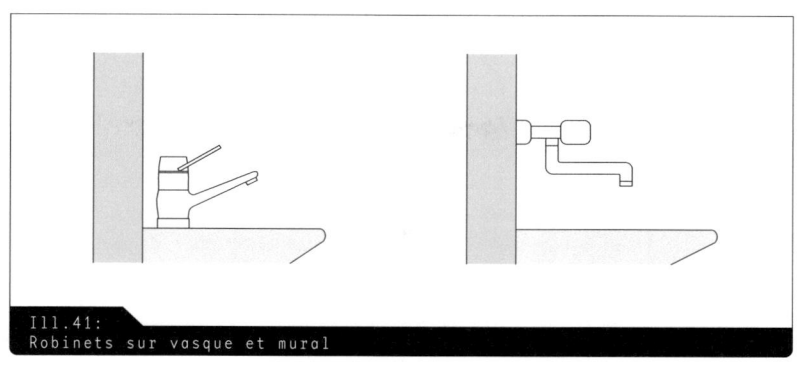

Ill.41:
Robinets sur vasque et mural

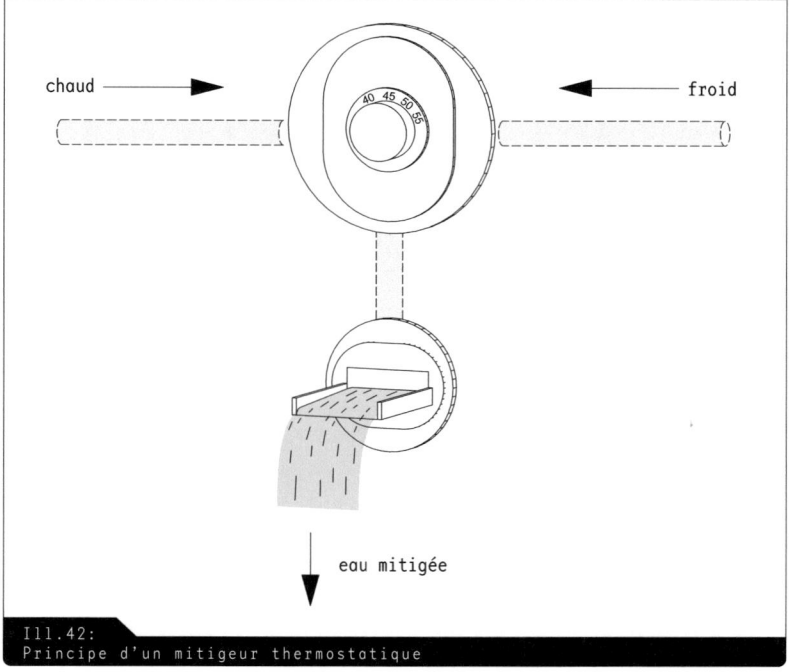

Ill.42:
Principe d'un mitigeur thermostatique

Mitigeurs thermostatiques

Les mitigeurs thermostatiques sont dotés d'un sélecteur permettant de régler à l'avance la température de l'eau. L'eau chaude et l'eau froide sont ici mélangées dans les proportions requises, de sorte que la température de l'eau reste constante quel que soit le débit. ⟩ Ill. 42

Locaux sanitaires sans obstacle

Pour être adaptés aux personnes handicapées, les locaux sanitaires doivent répondre à des exigences spécifiques. Leur agencement doit en effet permettre aux usagers de les utiliser sans l'aide de tiers. À cette fin, on ménagera devant le lavabo, le WC, la douche et la baignoire, une surface sans obstacle dont les dimensions devront être d'au moins 150 × 150 cm pour les personnes en fauteuil roulant, d'au moins 120 × 120 cm dans les autres cas. On équipera en outre les locaux concernés de douches de plain-pied, de lavabos sous lesquels il soit possible de s'engager en fauteuil roulant, ainsi que de poignées ou de barres d'appui à côté de tous les appareils sanitaires. La porte des locaux devra présenter une largeur de passage d'au moins 80 à 90 cm et s'ouvrir vers l'extérieur, de manière à ne pas entraver l'accès aux équipements. > Ill. 43

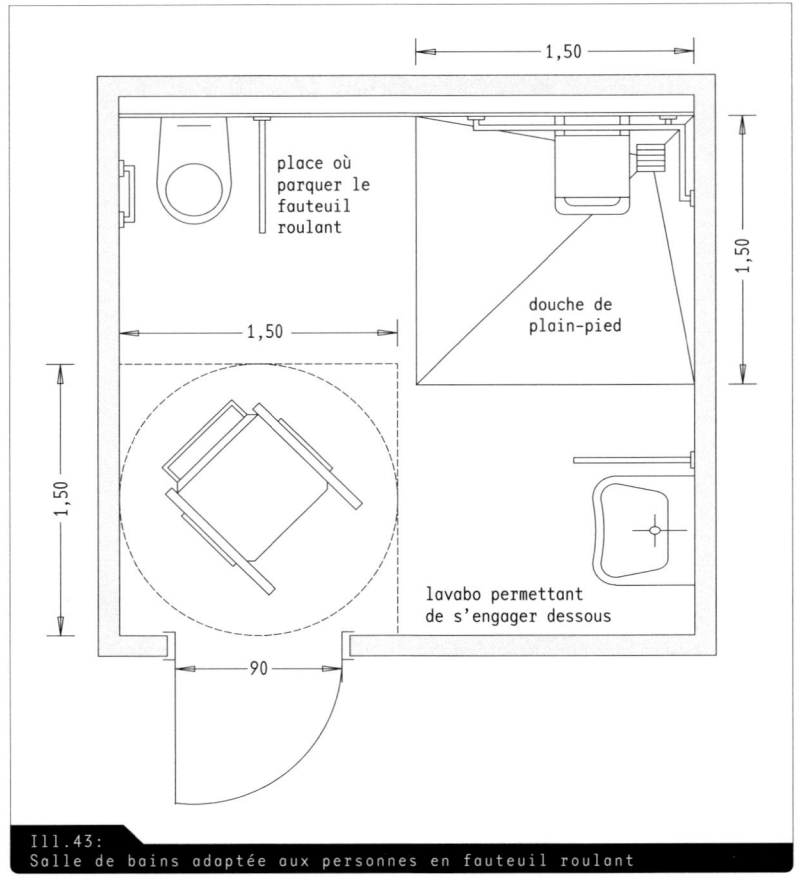

Ill.43 :
Salle de bains adaptée aux personnes en fauteuil roulant

EAUX USÉES ET PLUVIALES

L'eau sanitaire revêt le statut d'eau usée dès qu'elle sort des robinets, même si on ne l'utilise pas et qu'elle s'écoule propre par la bonde des lavabos, des douches et des baignoires. En d'autres termes : l'eau n'est plus considérée comme « sanitaire » dès qu'elle rejoint le réseau d'évacuation des eaux usées.

La notion générique d'eaux usées comprend les eaux <u>grises</u> ou <u>ménagères</u>, provenant des cuisines (éviers, lave-vaisselle) et des salles de bains (lavabos, baignoires, douches, lave-linge), et les eaux <u>noires</u> ou <u>vannes</u>, provenant des toilettes. S'y ajoutent les eaux industrielles, mais non les eaux pluviales qui, relativement propres, ne nécessitent la plupart du temps qu'un traitement léger.

Les eaux noires contiennent matières fécales et autres substances putrescibles. Étant la plupart du temps souillées par des impuretés, des bactéries ou des produits chimiques, elles doivent subir un lourd traitement avant d'être rejetées dans les cours ou plans d'eau naturels. Ce traitement s'effectue en général dans les stations publiques d'épuration. La quantité de polluants que contiennent les eaux grises ne s'élève, elle, qu'à environ un tiers de celle des eaux noires. Si cette distinction ne revêt aucune portée pour les modalités traditionnelles d'évacuation des eaux usées dans le réseau public d'assainissement, où toutes les eaux sont traitées comme des eaux noires, elle se révèle d'une grande importance pour les procédés d'épuration par voie naturelle, dont certains ne permettent en effet de traiter que les eaux grises.

On sait depuis bien des années déjà que maintenir propre l'eau des nappes phréatiques, des rivières et des lacs représente un enjeu écologique majeur. À partir d'un certain degré de pollution, les processus biologiques d'autoépuration ne fonctionnent plus, si bien que seules des mesures techniques permettent d'épurer les eaux très polluées que rejettent les ménages et l'industrie et, partant, d'éviter de graves dommages écologiques. ➢ Chap. **Eaux usées et pluviales, Modes d'évacuation des eaux usées et pluviales**

\\ Exemple :
En Allemagne, un ménage de quatre personnes déverse chaque année dans les égouts quelque 100 kg de produits de nettoyage. La mise au point de détergents respectueux de l'environnement a certes permis de diminuer globalement la quantité de polluants rejetés, mais le problème ne s'en est pas trouvé sensiblement réduit.

Mais il faut d'abord que l'eau chaude et froide utilisée soit évacuée des locaux sanitaires et envoyée dans les égouts. Cela se fait par un réseau de canalisations que nous allons maintenant décrire plus en détail.

CANALISATIONS D'EAUX USÉES DANS LE BÂTIMENT

Les canalisations d'eaux usées, beaucoup plus grandes que les conduites d'alimentation en eau sanitaire, ont pour fonction d'évacuer les eaux-vannes et ménagères et de les envoyer dans le réseau public d'assainissement. Pour assurer le bon fonctionnement des appareils sanitaires, il faut tout un réseau de canalisations dont le diamètre varie selon les tronçons. À l'intérieur des bâtiments, l'évacuation des eaux usées se fait en général par gravité. Aussi les canalisations sont-elles soit verticales (on parle alors de chutes), soit dotées d'une pente d'au moins 2 %, permettant à l'eau de s'écouler sans problème. Il s'agit par ailleurs d'empêcher tout reflux des eaux usées dans la tuyauterie.

> Niveau de reflux

Par niveau de reflux, on entend le niveau maximal jusqu'auquel les eaux usées peuvent remonter en un point donné du système de canalisations. > III. 44 Pour les branchements d'immeubles, on retient en général comme niveau de reflux – sauf décision contraire de l'autorité compétente – le niveau supérieur de la chaussée ou de la bordure de trottoir. En effet, si les eaux usées débordent à cet endroit, elles se répandent alentour et ne peuvent donc pas remonter plus haut à l'intérieur des bâtiments. Un reflux risque par exemple de se produire en cas de fortes pluies. Les réseaux unitaires y sont particulièrement exposés, puisqu'ils collectent à la fois eaux usées et eaux pluviales. > Chap. Eaux usées et pluviales, Modes d'évacuation des eaux usées et pluviales Un reflux est cependant aussi susceptible de se produire dans un réseau séparatif, par exemple en cas d'obstruction des canalisations.

En présence d'appareils sanitaires installés en dessous du niveau de reflux défini (p. ex. dans un sous-sol), le risque est que les effluents pénètrent dans le bâtiment et y causent de graves dommages. Aussi

\\ Remarque :
On parle de reflux lorsque les eaux usées remontent dans la tuyauterie du bâtiment depuis les égouts, selon le principe des vases communicants. La notion de vases communicants désigne des tubes ou récipients ouverts vers le haut, reliés les uns aux autres et remplis d'un liquide dont le niveau est partout le même, quelle que soit leur forme.

\\ Remarque :
La norme européenne EN 12056 s'applique aux réseaux d'évacuation gravitaire à l'intérieur des bâtiments. Les réseaux d'évacuation extérieurs aux bâtiments sont, eux, régis par la norme EN 752. Ces deux normes définissent un cadre général appelé à être complété par des dispositions nationales, et auquel il est possible de déroger d'une région à l'autre.

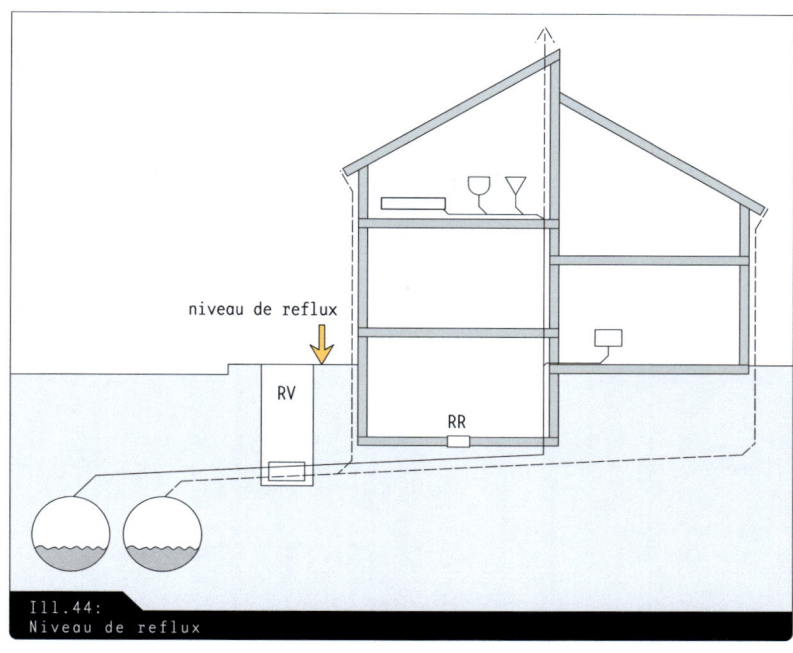

Ill. 44:
Niveau de reflux

convient-il, dans ce cas, de doter les canalisations concernées d'un dispositif anti-retour ou de les raccorder à une station de relèvement des eaux usées. › Chap. Canalisations d'eaux usées dans le bâtiment, Mesures préventives, page 60

Composants du réseau d'évacuation et pose des canalisations

Évacuations et collecteurs d'appareils

Le réseau de canalisations destiné à envoyer les eaux usées dans les égouts se compose de divers éléments portant tous un nom précis. › Ill. 45 Chacun des appareils sanitaires d'une pièce d'eau est raccordé par une évacuation individuelle à un même collecteur d'appareils. › Ill. 46 Celui-ci rejoint, par le chemin le plus court et avec une pente de 2 %, le tuyau de chute vertical (appelé aussi chute tout court) qui envoie les eaux usées dans les canalisations enterrées. De diamètre constant, le tuyau de chute doit être le plus rectiligne possible. Si les canalisations d'allure horizontale doivent présenter un légère pente, c'est pour que les eaux usées s'y écoulent sans laisser de résidus. Afin d'éviter les engorgements, les tuyaux sont d'ordinaire raccordés aux suivants par des coudes à 45°. Les canalisations collectrices se raccordant à une même chute devront toujours être décalées en hauteur, de manière à éviter que le contenu de l'une ne se déverse dans une autre. Les différents tubes peuvent être assemblés par boulonnage, par soudage ou à l'aide de manchons.

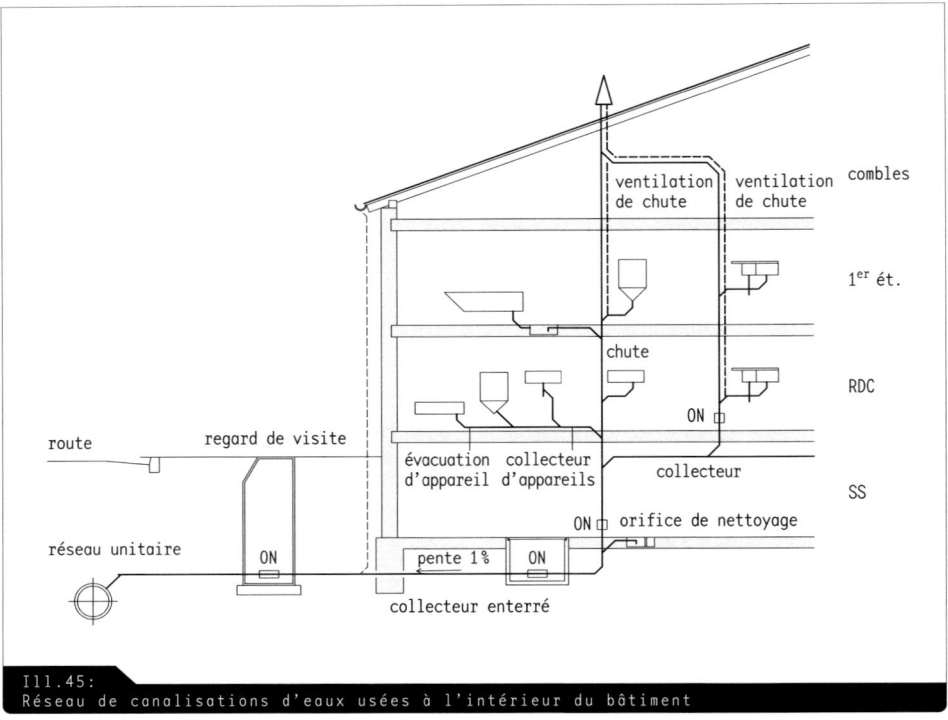

Ill.45:
Réseau de canalisations d'eaux usées à l'intérieur du bâtiment

Chutes, collecteurs et ventilations de chute

Les tuyaux de chute viennent se brancher, en général sous le radier, au <u>collecteur</u> transportant les eaux usées jusqu'au réseau public d'assainissement. Si une même chute reçoit le contenu de plusieurs canalisations en même temps, cela peut entraîner des différences de pression dans la tuyauterie. Pour éviter que l'eau contenue dans le siphon des appareils sanitaires ne soit aspirée sous l'effet de la dépression ainsi générée, il convient de doter les tuyaux de chute d'une prise d'air. Si ceux-ci font plus de 4 m et qu'ils traversent donc plusieurs étages, il s'agit de les prolonger, au-delà du dernier appareil sanitaire, par un tuyau de même section débouchant en toiture, appelé <u>ventilation de chute</u> ou <u>ventilation primaire</u>. Il est aussi possible d'équiper les chutes d'une soupape d'aération spéciale, placée sous la toiture. Pour éviter que des odeurs incommodantes ne pénètrent dans le bâtiment, on veillera à ce que les ventilations de chute se tiennent à plus de 2 m des lucarnes ou des fenêtres de toit, ou à ce qu'elles dépassent d'au moins 1 m le point le plus haut de tels éléments.

Au point bas du tuyau de chute, un collecteur enterré, posé hors gel, envoie les eaux usées dans la canalisation de raccordement au réseau public

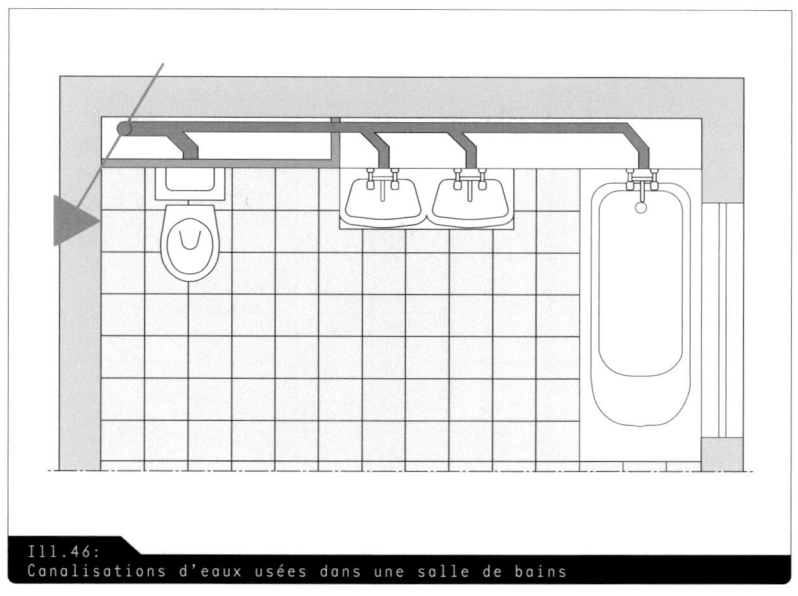

Ill.46 :
Canalisations d'eaux usées dans une salle de bains

d'assainissement. Si le bâtiment est excavé et que les égouts sont trop haut pour enterrer le collecteur, on pose alors celui-ci, avec une légère pente, sous le plafond du sous-sol.

Orifices de nettoyage

Pour éviter que les eaux usées n'obstruent les canalisations, les collecteurs ne peuvent se ramifier qu'à des angles d'au maximum 45°. De plus, il s'agit de prévoir, au moins tous les 20 m, des orifices de nettoyage permettant, en cas d'engorgement, de curer chaque tronçon de canalisation sans trop de difficulté. Les tuyaux de chute devront être dotés de tels orifices à leur point bas, car c'est là qu'ils risquent le plus de se boucher.

Panneaux indicateurs

La position des égouts sous les routes est indiquée par des panneaux la plupart du temps posés contre des piquets ou contre les façades des bâtiments voisins. Les chiffres y figurant indiquent à quelle distance latérale et longitudinale se trouve le raccordement au réseau d'assainissement.

Symboles

Pour faciliter la lecture du réseau d'évacuation des eaux usées, on utilise, dans les plans et les coupes, des symboles indiquant le nombre et la disposition des appareils sanitaires qui s'y raccordent. › Ill. 47 Comme dans le cas des installations d'alimentation en eau sanitaire, on représente, en plan, les divers équipements et les canalisations correspondantes à leur emplacement réel, au moyen des symboles conventionnels appropriés. Dans une coupe schématique, on représente la tuyauterie et les appareils sanitaires comme si tous les lavabos, douches, baignoires

baignoire		ventilation de chute	
cuvette de WC		canalisation d'eaux usées	
lavabo		orifice de nettoyage	ON
évier		écoulement avec dispositif antiretour pour eaux ménagères	
évier double		écoulement ou rigole d'évacuation avec siphon	
receveur de douche		canalisation traversante	

Ill.47: Explication des symboles conventionnels

et WC raccordés à un même collecteur d'appareils étaient juxtaposés. › Ill. 45 On représentera les raccords avec l'angle de 45° mentionné plus haut.

Dimensionnement des canalisations

La section d'un tronçon de canalisation dépendra du type et du nombre d'appareils sanitaires à y raccorder, ainsi que des besoins en eau découlant du niveau de confort désiré. À chaque appareil, on attribue un coefficient de raccordement (DU) et la section minimale requise en conséquence. › Tab. 6 Le paramètre déterminant pour le calcul des diamètres nominaux est le débit d'eaux usées à prévoir pour chaque appareil (Q_{ww}), exprimé en litre par seconde (l/s). Le coefficient de débit (K) tient compte de la fréquence d'utilisation de l'appareil en question, et varie donc en fonction de la destination du bâtiment. En effet, les équipements sanitaires d'une école ou d'un bâtiment public sont utilisés plus souvent et par plus de personnes que ceux d'un logement.

Tab.6:
Coefficients de raccordement usuels de divers appareils sanitaires et diamètre des évacuations correspondantes

Appareil sanitaire	Coefficient de raccordement (DU)	Diamètre de l'évacuation
Lavabo	0,5	DN 40
Douche avec bonde obturable	0,8	DN 50
Douche avec bonde non obturable	0,6	DN 50
Baignoire	0,8	DN 50
WC avec réservoir de 6 litres	2,0	DN 100
WC avec réservoir de 4 à 5 litres	1,8	DN 80 à DN 100

Pour calculer la section d'un collecteur d'appareils, d'un tuyau de chute ou d'un collecteur principal, on additionne les coefficients de raccordement de tous les appareils sanitaires concernés. Une canalisation d'allure horizontale à laquelle se raccorde un WC requiert en général un diamètre intérieur d'au moins 100 mm (DN 100). Par conséquent, le tuyau de chute sur lequel se branche cette canalisation devra, lui aussi, présenter un diamètre nominal d'au moins DN 100. Lorsque plusieurs appareils se raccordent à une même canalisation, leur coefficient de raccordement global se calcule à l'aide de la formule suivante:

$Q_{ww} = K \times \sqrt{\Sigma \ (DU)}$ en l/s.

Q_{ww} = quantity waste water (débit d'eaux usées)
DU = design units (coefficients de raccordement)
K = coefficient de débit sans unité, dépendant de la fréquentation (0,5 pour les bâtiments d'habitation; 0,7 pour les écoles, restaurants, hôtels; 1,0 pour les bâtiments publics très fréquentés)

Matériaux

Les canalisations d'eaux usées peuvent être réalisées en grès cérame, en fonte, en acier, en fibrociment ou en plastique, les tuyaux de chute et les conduites d'évacuation des eaux pluviales aussi en tôle. Les tuyaux en grès cérame, très résistants, sont surtout utilisés pour les collecteurs enterrés. Ceux en fonte et en fibrociment se prêtent à toutes les fonctions d'évacuation des eaux liées à un bâtiment ou à un bien-fonds. Leur poids surfacique élevé leur permet d'atténuer le bruit provoqué par

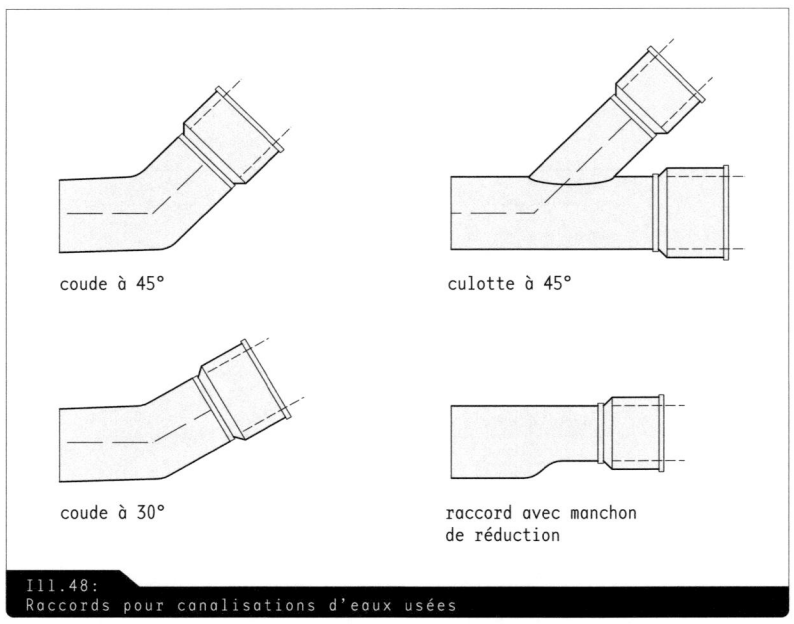

Ill. 48:
Raccords pour canalisations d'eaux usées

l'écoulement des eaux. Les tuyaux en acier ou en acier inoxydable s'utilisent, eux, en présence d'eaux usées agressives, comme en produisent par exemple les laboratoires. Les tuyaux en plastique sont les meilleur marché. Légers et résistants à la corrosion, ils sont surtout utilisés dans la construction de logements, certains produits de qualité supérieure pouvant aussi l'être dans l'industrie et l'artisanat. Quel que soit le tronçon de canalisation concerné, on ne devra mettre en œuvre que des plastiques résistants à l'eau brûlante.

Tous produits dans de faibles longueurs standard, les tuyaux sont assemblés à l'aide de manchons, de brides boulonnées ou de manchettes d'étanchéité, les tuyaux de descente destinés à l'évacuation des eaux pluviales l'étant par agrafure ou par brasage. Coudes, culottes, raccords de réduction et autres pièces spéciales sont disponibles dans tous les matériaux. › Ill. 48

Mesures préventives

Siphons

Les siphons ont pour fonction d'empêcher les odeurs d'égouts de remonter dans les locaux. Ils se placent sous la bonde des appareils sanitaires. S'ils peuvent présenter diverses formes, tous fonctionnent selon un principe analogue, consistant à retenir, pour faire barrage aux odeurs, une certaine quantité d'eau dont la hauteur est appelée garde d'eau. Les

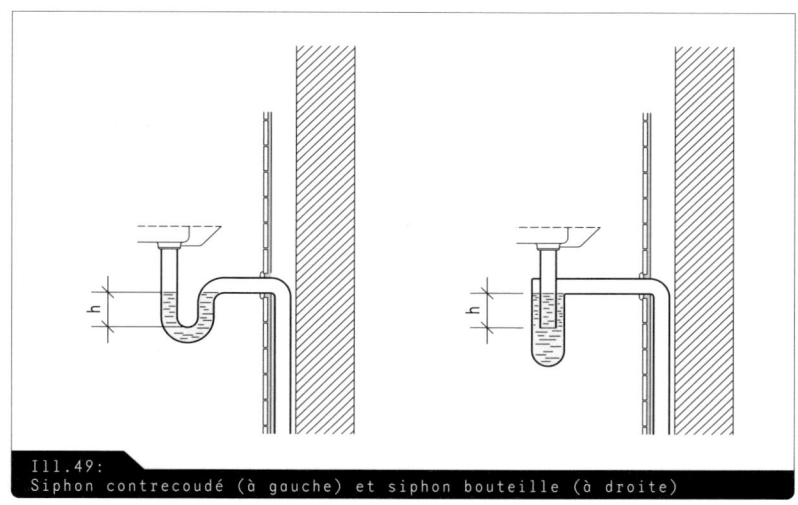

Ill.49:
Siphon contrecoudé (à gauche) et siphon bouteille (à droite)

siphons contrecoudés, composés d'un tuyau d'au moins 30 à 45 mm de diamètre, ont l'avantage de garantir un bon écoulement. › Ill. 49, à gauche Les siphons de type «bouteille» se bouchant plus facilement, on les dote en général d'un culot démontable. › Ill. 49, à droite

Bondes de sol

Dans les logements, il est judicieux de doter d'une bonde de sol les salles de bains équipées d'un lave-linge ou d'une douche de plain-pied. Dans les bâtiments publics tels qu'écoles ou piscines, les bondes de sol sont obligatoires. Fabriquées en fonte, en acier inoxydable, en laiton ou en plastique, elles doivent présenter la hauteur la plus faible possible, de manière à pouvoir être intégrées sans problème à la construction du plancher. Les sols qui en sont munis doivent être étanchéifiés et présenter, en direction de la bonde, une pente de 1,5 %. › Ill. 50 Les bondes de sol étant souvent placées au milieu du local, il n'est pas très aisé de les raccorder au tuyau de chute le plus proche. En effet, bien que les canalisations qui s'y branchent possèdent en général un diamètre nominal assez modeste, compris entre DN 50 et DN 70, elles doivent présenter, comme toujours, une pente de 2 %.

Dispositifs antiretour

Comme nous l'avons vu plus haut, tous les appareils sanitaires situés au-dessous du niveau de reflux doivent être dotés de dispositifs antiretour tout à fait étanches, destinés à empêcher les eaux usées de remonter dans les locaux. En effet, il peut arriver, surtout en présence d'un système unitaire, que de fortes précipitations portent le réseau public d'assainissement à la limite de ses capacités, l'augmentation du niveau d'eau dans les égouts pouvant alors conduire à ce que les eaux usées débordent des avaloirs et des appareils sanitaires placés bas. › Ill. 51

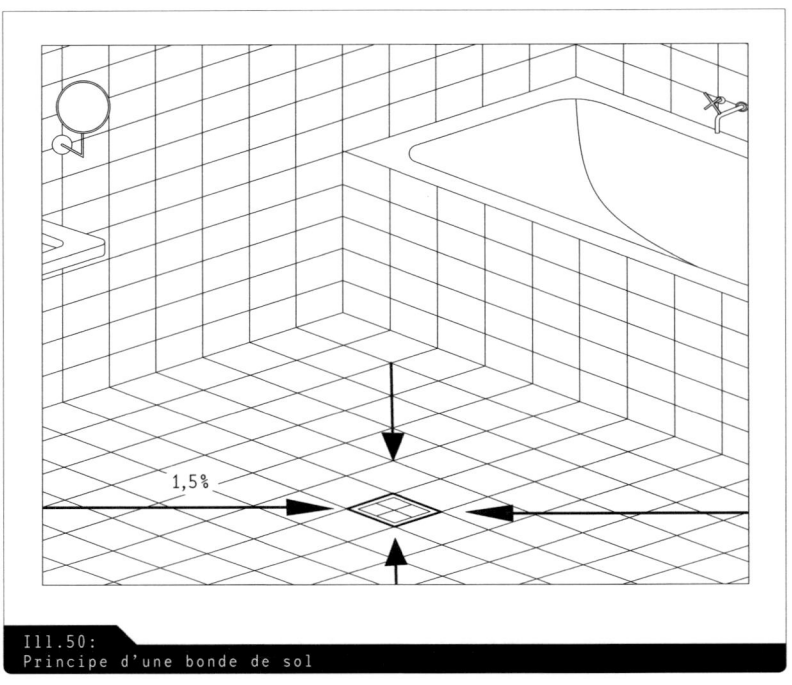

Ill.50 :
Principe d'une bonde de sol

Les dispositifs antiretour se composent le plus souvent d'un clapet motorisé, d'une vanne d'arrêt pneumatique ou d'un robinet d'arrêt se fermant soit automatiquement, soit à la main (dispositif de secours). Toutes les canalisations d'eaux usées situées au-dessus du niveau de reflux devront être raccordées en aval du dispositif antiretour, sans quoi ce sont les eaux usées issues du bâtiment lui-même qui risqueraient de déborder dans les locaux.

Stations de relèvement

Les eaux usées provenant d'appareils sanitaires situés au-dessous du niveau de reflux et trop bas pour être raccordés aux égouts avec une pente suffisante, doivent être évacuées à l'aide d'une station de relèvement. Eaux ménagères et eaux-vannes sont ici collectées dans un récipient, d'où une pompe les envoie, via des canalisations sous pression, jusqu'à une boucle antiretour dont le sommet doit, pour empêcher les eaux usées de refluer dans le bâtiment, se trouver au-dessus du niveau de reflux. › Ill. 52 Après avoir traversé cette boucle, les eaux usées devraient pouvoir être évacuées dans les égouts par des canalisations dotées d'une pente normale.

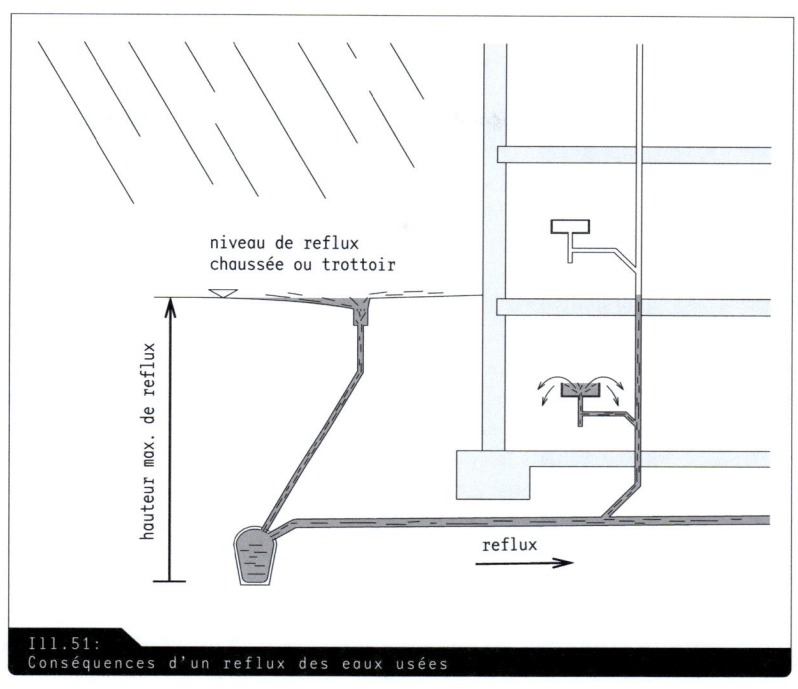

Ill.51:
Conséquences d'un reflux des eaux usées

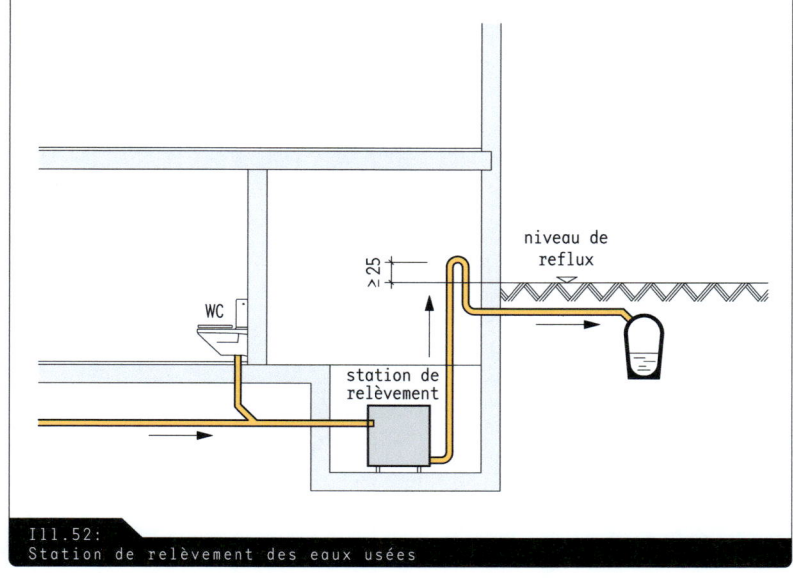

Ill.52:
Station de relèvement des eaux usées

MODES D'ÉVACUATION DES EAUX USÉES ET PLUVIALES
Réseaux séparatifs et réseaux unitaires

L'évacuation des eaux usées et pluviales peut se faire par un réseau d'assainissement unitaire ou séparatif. Alors que dans un réseau unitaire, les eaux usées – domestiques et industrielles – se mélangent aux eaux pluviales, un réseau séparatif rejette directement les eaux pluviales dans des cours ou plans d'eau dits récepteurs, seules les eaux usées étant dès lors collectées par les égouts. › ill. 53 À l'intérieur des bâtiments et au niveau des collecteurs, on devra dans tous les cas prévoir de séparer eaux usées et eaux pluviales, car de nombreux pays envisagent, à terme, de remplacer tous les réseaux unitaires par des réseaux séparatifs.

Cela s'explique par le fait que les eaux de précipitation ne se souillent véritablement qu'au moment où elles se mélangent aux eaux usées dans les égouts. Cette dilution ayant pour effet d'accroître considérablement le volume d'effluents à épurer, ainsi que les frais consécutifs, passer à un système séparatif se révèle tout à fait judicieux. Il convient par ailleurs de veiller à ce que les eaux pluviales puissent s'infiltrer, sinon sur la parcelle même, du moins à proximité, de manière à réduire la quantité d'eau à traiter et à garantir le renouvellement naturel de la nappe phréatique.

Épuration des eaux usées

Dans les stations publiques d'épuration, les eaux usées sont d'abord débarrassées des résidus grossiers qu'elles contiennent. Un traitement biologique en élimine ensuite les bactéries, un traitement chimique les phosphates, les métaux lourds et les composés à base d'azote. ill. 54 Après épuration, les effluents urbains sont envoyés dans des plans ou cours d'eau

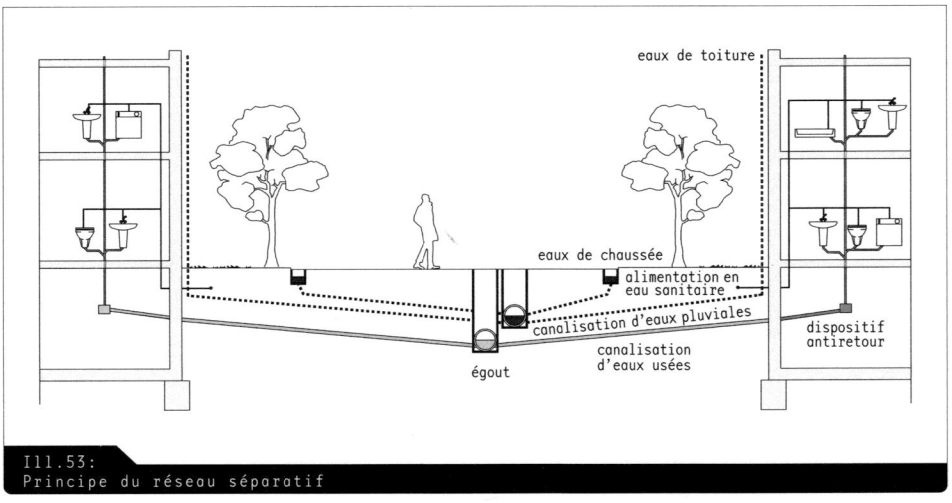

Ill. 53 : Principe du réseau séparatif

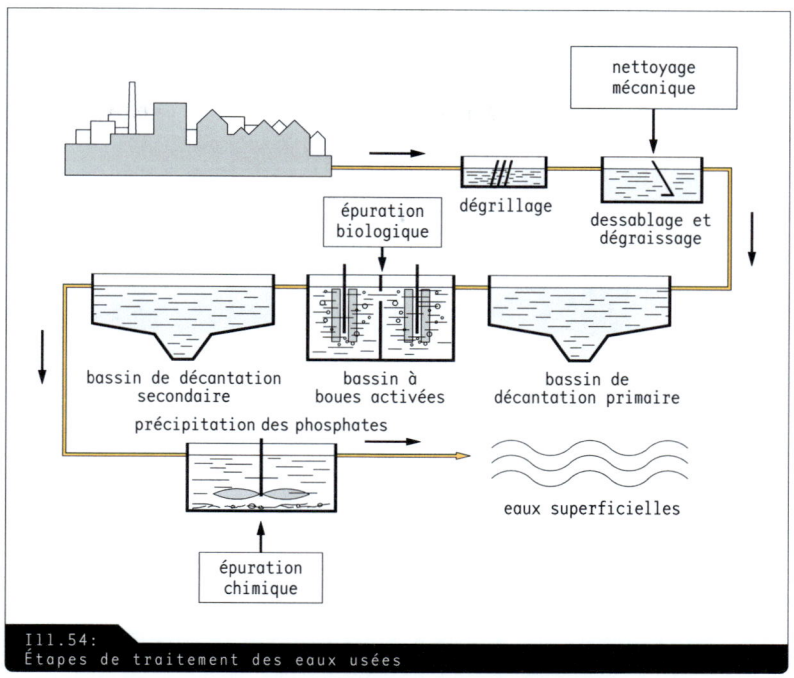

Ill.54:
Étapes de traitement des eaux usées

récepteurs. Or, en dépit du traitement lourd et onéreux qu'elles subissent, les eaux épurées transportent encore trop de substances nutritives et de polluants dans les eaux superficielles naturelles, qui s'en trouvent surfertilisées et, partant, exposées à la prolifération de plantes aquatiques.

Stations d'épuration par voie naturelle

L'idée de traiter les eaux usées de manière naturelle et moins gourmande en énergie n'est pas nouvelle. Les stations d'épuration par voie naturelle sont en général des systèmes décentralisés, conçus à petite échelle, comme il en existe depuis longtemps dans les régions rurales, où il se révèle trop onéreux, en raison des distances à franchir, de se raccorder au réseau public d'assainissement.

Eu égard aux problèmes qualitatifs et financiers toujours plus aigus que posent l'évacuation et le traitement des eaux usées, certains concepteurs soucieux de l'environnement ont eux aussi commencé, voilà quelques années, de s'intéresser aux procédés d'épuration décentralisés, par voie naturelle. Divers projets de quartiers écologiques ont ainsi été dotés de stations de traitement par lagunage, capables d'épurer sur le site même la totalité des eaux usées produites. De telles installations ont pour vocation

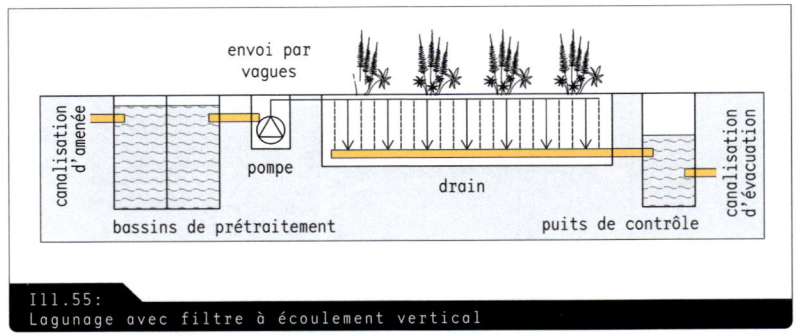

Ill.55:
Lagunage avec filtre à écoulement vertical

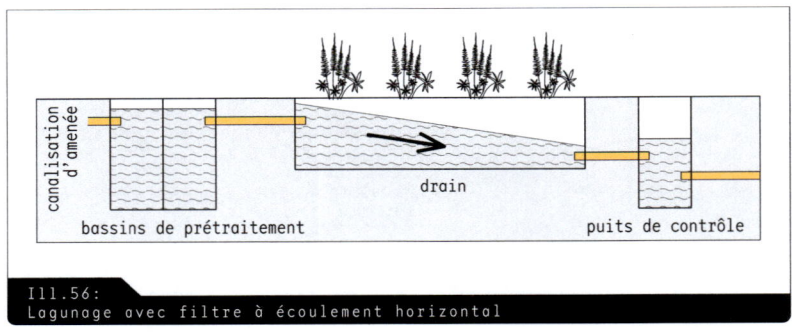

Ill.56:
Lagunage avec filtre à écoulement horizontal

de décharger les égouts, mais aussi de responsabiliser chacun en le sensibilisant au cycle naturel de l'eau.

Bien qu'ils requièrent beaucoup moins d'équipements techniques et d'énergie que les méthodes de traitement traditionnelles, les procédés d'épuration naturels se révèlent tout à fait performants. Le processus d'épuration proprement dit ne consomme pratiquement pas d'énergie auxiliaire, mais nécessite en revanche une surface importante. L'emprise au sol d'une installation dépend, globalement, du degré de pollution des eaux à traiter.

Lagunage

Parmi les procédés d'épuration par voie naturelle, le lagunage est l'un des plus répandus. Il consiste à envoyer les eaux usées dans des étangs plantés de roseaux (lagunes), dont la performance épuratoire repose en premier lieu sur l'activité de micro-organismes végétaux et animaux. Ce ne sont donc pas les plantes elles-mêmes qui assurent l'épuration des eaux, mais les micro-organismes qui vivent au niveau de leurs racines et se nourrissent des substances nutritives contenues dans les effluents. La plupart du temps, le fond des lagunes se compose de filtres à sable à travers lesquels l'eau s'écoule soit horizontalement, soit verticalement. Pour

Ill.57:
Étang d'agrément

débarrasser les eaux usées des résidus solides qu'elles contiennent, on place, avant les lagunes, un bassin de prétraitement faisant office de filtre, où un apport d'air permanent entraîne la transformation des boues d'épuration en compost.

Les eaux noires issues des toilettes et les eaux grises provenant des douches et des lavabos sont d'abord évacuées du bâtiment, par gravitation, via un réseau séparé de canalisations, après quoi elles traversent le bassin de prétraitement enterré, où se déposent les impuretés grossières qu'elles contiennent. Si l'installation fonctionne selon le principe de l'écoulement vertical, requérant des lagunes de moindre emprise, mais plus profondes, l'étape suivante consiste à envoyer les eaux usées par vagues successives, au moyen d'une pompe, sur un lit de roseaux. › Ill. 55

Si l'installation fonctionne en revanche selon le principe de l'écoulement horizontal, nécessitant des lagunes plus vastes, mais moins profondes, les eaux usées s'écoulent lentement à travers le lit de roseaux, qui les nettoie. › Ill. 56 Le choix du système se fait en fonction de la surface disponible à proximité du bâtiment. Certains procédés de traitement combinent les deux modes d'écoulement, de manière à assurer une épuration optimale.

Le lit filtrant se compose de sable et de gravier. Comme l'eau s'y infiltre en général tout de suite, ce n'est souvent pas un plan d'eau qui s'offre à la vue, mais une simple surface plantée de roseaux. À l'issue des diverses étapes de traitement, les eaux épurées sont envoyées dans un puits où leur qualité est régulièrement contrôlée, pour être ensuite rejetées soit dans un cours ou plan d'eau récepteur, soit dans un étang d'agrément, voire, si la qualité de l'eau le permet, dans un étang de baignade. › Ill. 57 On peut cependant aussi utiliser les eaux épurées pour le rinçage des WC.

› Chap. Eaux usées et pluviales, Récupération des eaux grises et pluviales

Pour bien fonctionner, les installations d'épuration par voie naturelle requièrent de vastes surfaces, surtout s'il s'agit de traiter des eaux noires. Sans doute la valeur esthétique et naturelle d'un lit de roseaux est-elle toutefois supérieure à celle d'une station d'épuration traditionnelle. En outre, les installations de lagunage présentent, en plus de leurs qualités écologiques, le grand avantage de permettre le traitement des eaux usées même lorsque les bâtiments concernés sont trop loin du réseau public d'assainissement.

GESTION DES EAUX PLUVIALES

Les eaux pluviales font, elles aussi, partie du cycle de l'eau dans le bâtiment, car elles se souillent en ruisselant sur les toitures et les surfaces imperméables des parcelles, et doivent donc être évacuées au même titre que les eaux usées domestiques.

Du fait de l'importante imperméabilisation des villes, les eaux pluviales ne peuvent simplement s'infiltrer dans le sol et rejoindre par voie naturelle la nappe phréatique, comme cela serait souhaitable et, d'ailleurs, souvent possible. Au lieu de cela, on les envoie dans les égouts via un réseau de canalisations. ˃ Ill. 58 Il apparaît toutefois qu'en cas de fortes précipitations, la capacité des égouts n'est pas toujours suffisante, si bien que des quantités toujours plus grandes d'eaux polluées mélangées à de l'eau de pluie se déversent, sans avoir été épurées, dans les rivières et les lacs.

Au lieu d'envoyer les eaux pluviales le plus directement possible dans les égouts, on préconise aujourd'hui de les évacuer de façon plus lente, sans qu'elles se mélangent aux eaux usées. Pour choisir un système

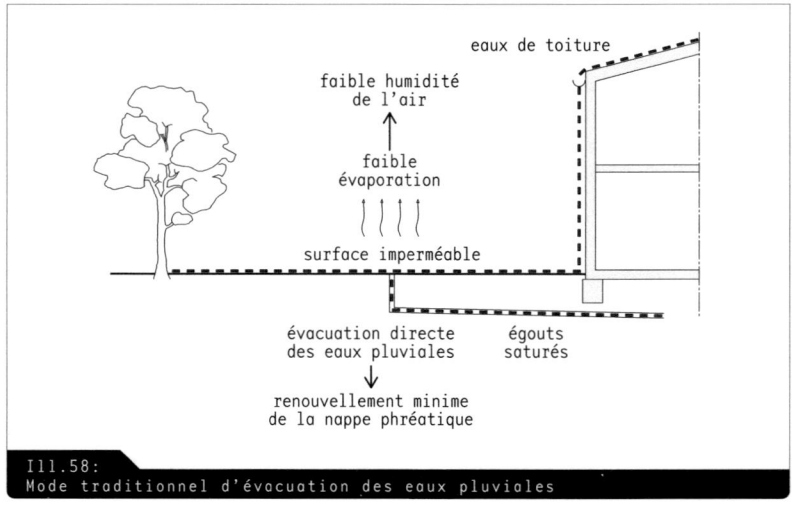

Ill. 58 : Mode traditionnel d'évacuation des eaux pluviales

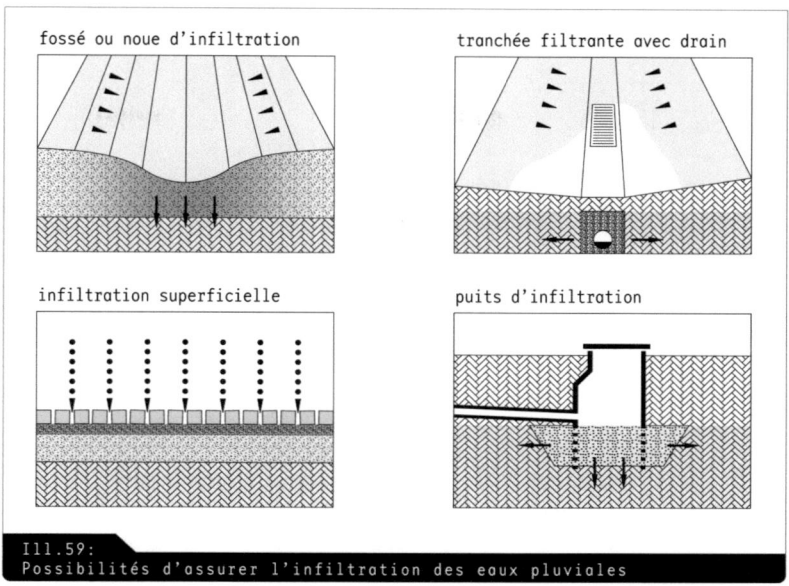

Ill.59 :
Possibilités d'assurer l'infiltration des eaux pluviales

approprié, on devra tenir compte aussi bien de la fréquence et du volume des précipitations locales, que de la qualité du sol et du niveau de la nappe phréatique.

Infiltration des eaux pluviales

Pour préserver le cycle naturel de l'eau, on veillera, en particulier dans les quartiers d'habitation, à ce que les chemins, places et autres surfaces non bâties soient le plus perméables possible, par exemple en les gazonnant ou en les gravillonnant. On pourra du reste aussi favoriser l'infiltration naturelle des eaux pluviales et la réalimentation de la nappe phréatique en enlevant les revêtements de sol imperméables existants.

Les possibilités d'assurer l'infiltration des eaux pluviales dépendront dans une mesure déterminante de la qualité du sol. Plus celui-ci sera sableux, plus il sera perméable et donc propice à l'infiltration. Si le sol est en revanche trop glaiseux ou argileux pour que les eaux de précipitation puissent s'y infiltrer directement, on devra prévoir des dispositifs particuliers : fossés ou noues d'infiltration, tranchées filtrantes, puits d'infiltration, etc. > Ill. 59 De tels systèmes retiennent les eaux pluviales en cas de fortes précipitations, ce qui permet de ne pas surcharger les égouts et de réduire les débits de crues. L'infiltration des eaux pluviales a par ailleurs aussi pour effet d'améliorer sensiblement le climat urbain.

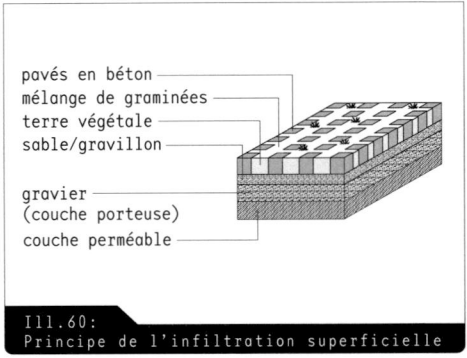

Ill.60 :
Principe de l'infiltration superficielle

Ill.61 :
Dalles gazon

En permettant à l'eau de s'infiltrer sur le bien-fonds même, on réduit les frais de raccordement au réseau public d'assainissement. L'entretien que requièrent des dispositifs de rétention ou d'infiltration d'une certaine complexité peut cependant se révéler onéreux, comme c'est par exemple le cas lorsqu'on combine toitures végétalisées et étangs de rétention, ou bien noues et tranchées.

Infiltration superficielle

On parle d'infiltration superficielle lorsque les eaux pluviales pénètrent directement dans le sol, sans rétention préalable. Une possibilité consiste ici à prévoir des dalles gazon › Ill. 60 et 61 ou un pavage perméable, deux solutions tout à fait adaptées aux aires de stationnement et aux voies carrossables peu fréquentées (p. ex. celles d'un quartier d'habitation). Pour autant que le sol présente la qualité requise, les pelouses et les chemins gravillonnés peuvent, eux aussi, servir de surface d'infiltration. Lorsque les eaux de ruissellement s'infiltrent en pleine surface, leur épuration commence dès qu'elles traversent l'horizon supérieur et se poursuit jusqu'à ce qu'elles rejoignent la nappe phréatique, après s'être lentement écoulées à travers les couches de sol intermédiaires.

Fossés et noues d'infiltration

Les fossés d'infiltration et les noues – qui sont de larges fossés peu profonds – sont capables de retenir les eaux pluviales durant quelques heures. › Ill. 62 Durant ce laps de temps, l'eau s'infiltre lentement dans le sol, jusqu'à parvenir à la nappe phréatique. Il s'agit donc, en quelque sorte, d'un mode d'infiltration superficielle à retardement.

L'emprise au sol d'un fossé ou d'une noue est moins importante que celle d'une aire d'infiltration superficielle. Pour dimensionner une noue d'une hauteur de rétention de 30 cm, on se base sur les 10 à 20 % des surfaces de toiture qui s'y rapportent. Les eaux pluviales se nettoient en traversant les différentes couches du sol. Bon marché à réaliser aussi bien qu'à entretenir, les fossés et noues d'infiltration ont l'avantage supplémentaire de très bien s'intégrer aux aménagements extérieurs et aux espaces verts.

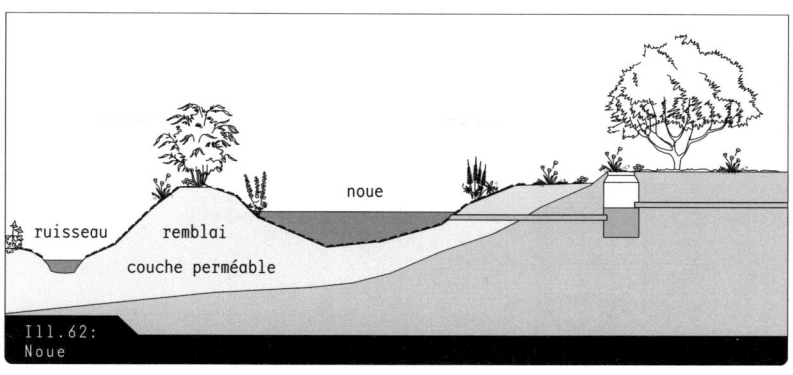

Ill.62:
Noue

ruisseau — remblai — couche perméable — noue

Systèmes combinant noues et tranchées

Il est possible de combiner les noues avec des tranchées filtrantes, composées d'un coffre de gravier dans lequel est la plupart du temps posé un drain. La couche supérieure de la noue, d'une épaisseur d'environ 30 cm, sert à stocker et à filtrer les eaux pluviales, qui sont ensuite envoyées – soit de façon ponctuelle, soit en pleine surface – dans la tranchée, remplie de gravier grossier et enveloppée d'un feutre filtrant. L'excédent d'eaux pluviales est lentement transporté, par le drain, dans un cours ou plan d'eau récepteur ou bien dans les égouts. Le drain étant fait d'un matériau poreux, le volume d'eau s'y répartit et diminue progressivement, si bien que seule une très petite partie des eaux pluviales arrivent à destination. Les systèmes combinant noues et tranchées filtrantes sont aussi appropriés lorsque le sol est peu perméable et que les quantités d'eau à évacuer sont importantes.

Rétention des eaux pluviales

Dans les villes d'une certaine taille, des mesures appropriées de rétention des eaux pluviales permettraient de soulager les égouts de dizaines de millions de litres. Les systèmes de rétention sont destinés à retarder l'écoulement des eaux pluviales dans les égouts, tout en en diminuant le volume. Les principaux moyens d'y parvenir sont les toitures végétalisées et les étangs de rétention. Pour autant que leur substrat présente une épaisseur suffisante, les toitures végétalisées peuvent stocker les eaux de précipitation durant un certain temps, et n'en renvoyer que les deux tiers dans les égouts. Susceptibles d'améliorer le climat urbain et, surtout, le microclimat local, elles sont à même, du fait de l'évaporation, de rafraîchir les bâtiments durant les chaudes journées d'été, tout en retenant la poussière.

Végétalisation des toitures

La végétalisation d'une toiture peut être extensive ou intensive. Alors que le substrat d'une végétalisation extensive présente une épaisseur de

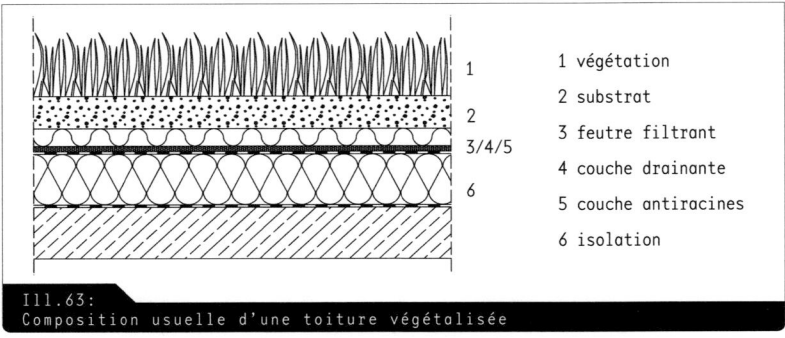

Ill. 63 : Composition usuelle d'une toiture végétalisée

3 à 15 cm, celui d'une végétalisation intensive est compris entre 15 et 45 cm environ. Les deux types de toitures comportent, au-dessus des couches de construction habituelles, une couche de séparation destinée à empêcher les racines des plantes de perforer l'étanchéité. À cela s'ajoutent une couche drainante, destinée à évacuer les eaux pluviales, ainsi que la couche végétalisée proprement dite. ＞ Ill. 63 Une toiture végétalisée peut être conçue comme toiture chaude, froide ou inversée, trois modes d'exécution qui se distinguent par la position de l'isolation et le fait qu'elle soit ou non ventilée.

Une végétalisation extensive dotée d'un substrat d'une épaisseur de 3 à 7 cm seulement se compose en général de mousses ou de plantes succulentes, dont les besoins en eau et en substances nutritives sont minimes. Les graminées et les herbacées requièrent un substrat un peu plus épais, leurs besoins en eau étant faibles à modérés. Une végétalisation intensive, elle, se composera de graminées hautes, de plantes vivaces ou de plantes ligneuses. Plus le substrat est épais, plus la capacité de rétention de la toiture et l'intensité de l'évaporation sont grandes. Il faut en revanche compter avec des charges statiques plus importantes et un entretien plus lourd.

Pour autant qu'elle présente une construction – en particulier une étanchéité – appropriée et qu'elle soit à même de reprendre le poids du substrat, toute toiture plate peut être végétalisée. Dans le cas des toitures à versants, aucune mesure de sécurité particulière n'est requise jusqu'à une inclinaison d'environ 15°. Au-delà, il convient de prévoir des dispositifs de retenue empêchant la terre végétale de glisser.

Les eaux pluviales que reçoit une toiture végétalisée sont nettoyées mécaniquement par les plantes et les couches de terre qu'elles traversent. En théorie, elles pourraient ensuite être stockées dans une citerne et utilisées pour le rinçage des WC. Comme seul un tiers des eaux de précipitation finirait toutefois dans la citerne, il ne vaut en général pas la peine d'installer un réseau de conduites ad hoc. En plus de décharger les égouts en

Ill.64:
Traitement artistique d'un dispositif d'évacuation des eaux pluviales

retenant les eaux pluviales, les toitures végétalisées atténuent les fortes amplitudes de température et améliorent la protection thermique estivale et hivernale des bâtiments.

Étangs de rétention

Les étangs de rétention sont destinés à recueillir les eaux ruisselant des toits. À la différence des noues, leur fond est recouvert d'une bâche étanche, si bien qu'ils sont toujours en eau. Lorsqu'ils sont conçus comme des biotopes, leurs berges plantées de végétation offrent un habitat à de nombreuses espèces animales. La plupart du temps, les eaux de toiture sont envoyées dans les étangs de rétention par des cours d'eau à ciel ouvert. En cas de fortes précipitations, le trop-plein de l'étang se déverse souvent dans une noue d'infiltration aménagée à proximité. Du fait de leurs grandes qualités paysagères, les étangs de rétention sont tout à fait aptes à mettre en valeur les aménagements extérieurs d'un quartier d'habitation.

Mise en scène des eaux pluviales

Pour accroître la valeur d'usage des espaces libres et autres parcs d'attractions et de loisirs, on pourra concevoir les dispositifs d'infiltration et de rétention des eaux pluviales comme autant d'éléments à vocation esthétique et ludique. Au lieu d'enterrer des canalisations, on pourra aménager des rigoles ou de petits cours d'eau à ciel ouvert, qui permettront de percevoir l'eau comme l'élément vital qu'elle est en effet. > Ill. 64

> \\ Remarque:
> Dans Axel Lohrer, *Basics Aménagement et eau*, Birkhäuser, Bâle 2008, on trouvera de nombreuses informations et suggestions relatives aux possibilités d'utiliser l'eau dans l'aménagement des espaces libres.

RÉCUPÉRATION DES EAUX GRISES ET PLUVIALES

Sachant que la production d'eau sanitaire requiert, du fait du degré croissant de pollution de l'eau, des traitements toujours plus onéreux et sophistiqués, alors même qu'on n'aurait vraiment besoin d'eau potable que pour un nombre très limité d'activités, on comprend mal que des millions de mètres cubes d'eaux pluviales et usées disparaissent chaque année dans les égouts sans être récupérés. Aussi a-t-on vu se développer, au cours des dernières années, divers concepts destinés à remplacer l'eau sanitaire par de l'eau de pluie ou des eaux grises.

Récupération des eaux pluviales

Récupérer les eaux pluviales permet d'économiser de l'eau sanitaire tout en délestant les égouts et les stations d'épuration. Du point de vue hygiénique, utiliser de l'eau de pluie pour rincer les WC, arroser les jardins

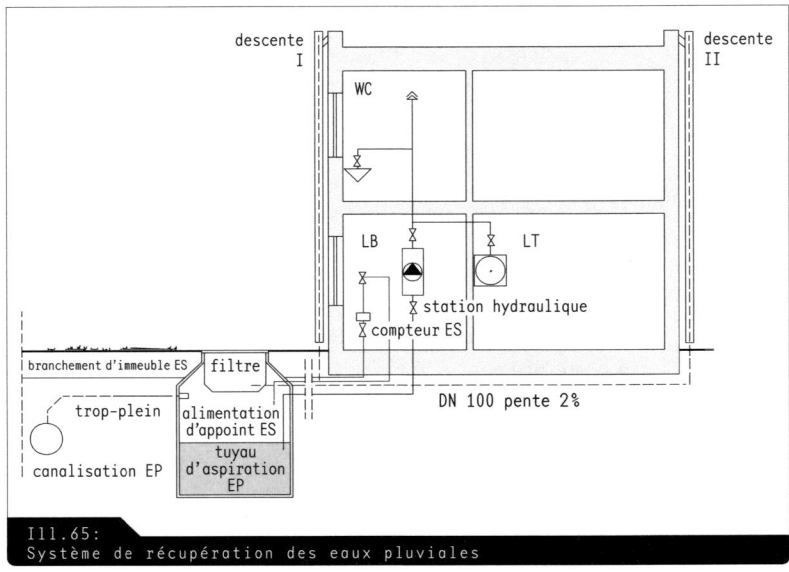

Ill.65 : Système de récupération des eaux pluviales

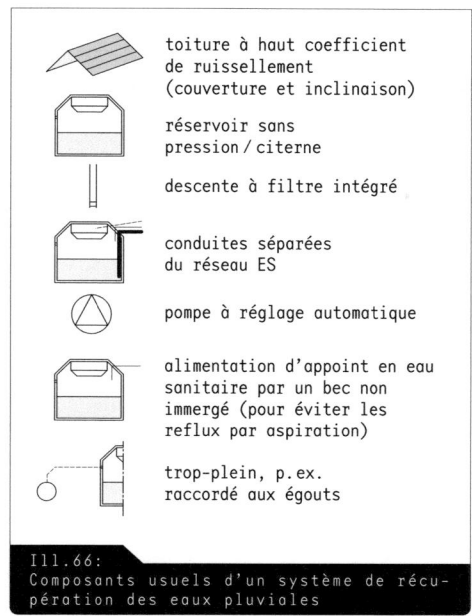

Ill. 66 : Composants usuels d'un système de récupération des eaux pluviales

et laver le linge ne pose aucun problème, pour autant qu'elle ne contienne ni métaux lourds ni autres substances toxiques. La qualité des eaux pluviales dépend du lieu des précipitations, ainsi que de la nature des surfaces sur lesquelles elles ruissellent. Il se peut, par exemple, que les toitures soient souillées par des fientes d'oiseaux ou par la poussière issue des rues, et qu'elles présentent donc trop de germes. Quant aux eaux provenant des chaussées ou des aires de stationnement, elles ne se prêtent pas non plus à une utilisation directe, car elles risquent fort d'être polluées par des résidus d'essence ou d'huile. Sinon, il est assez facile d'équiper un bâtiment des éléments nécessaires à la récupération des eaux pluviales. > Ill. 65 et 66

Toitures

En tant que surfaces réceptrices, les toitures déterminent dans une large mesure les possibilités de recueillir et d'utiliser les eaux pluviales, les paramètres décisifs étant à cet égard la taille et la matérialisation des versants. Une couverture lisse permettra le ruissellement d'une plus grande quantité d'eaux pluviales qu'un matériau de couverture poreux, qui absorbera une partie de l'eau et la fera s'évaporer. Tous les matériaux de couverture usuels – tuiles en terre cuite ou en béton, ardoise, etc. – sont propices à la collecte des eaux pluviales. Dans le cas des couvertures en tôle, il se peut que le linge lavé à l'eau de pluie grisaille. Les revêtements métalliques ne posent toutefois aucun problème si les eaux pluviales ne sont utilisées que pour le rinçage des WC.

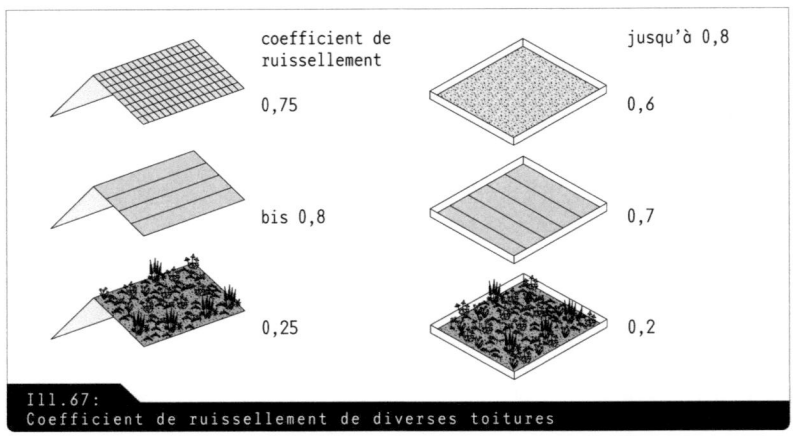

Ill.67 :
Coefficient de ruissellement de diverses toitures

La quantité d'eau qui finira dans la citerne dépendra de l'intensité et de la fréquence des précipitations, ainsi que du coefficient de ruissellement de la toiture. Un coefficient de 0,75 signifie que 75 % des eaux pluviales tombant sur la toiture s'écouleront dans la citerne via les tuyaux de descente. Compris entre 0 et 1, le coefficient de ruissellement dépend du matériau de couverture mis en œuvre : plus celui-ci est lisse, plus grand est le coefficient de ruissellement. > Ill. 67

Citernes

Depuis la toiture, les eaux pluviales sont envoyées, par des tuyaux de descente munis d'un filtre, dans une citerne dont la taille et l'emplacement peuvent varier. Si le bâtiment possède un sous-sol, la citerne de récupération des eaux pluviales prend en général la forme d'un réservoir en matière synthétique imperméable à la lumière, installé dans un local qu'il convient de maintenir aussi frais et obscur que possible, afin d'empêcher le développement de germes et d'algues. En l'absence de sous-sol, il est recommandé d'enterrer les citernes. On en trouve de diverses dimensions, à partir d'une capacité d'environ 1000 l. Si le volume d'eau à stocker est très important, il est possible de combiner plusieurs réservoirs, ou alors de réaliser sur mesure une citerne enterrée en béton étanche.

Calcul de capacité

Pour déterminer la capacité que doit présenter une citerne, il convient de tenir compte aussi bien des apports que des besoins en eaux pluviales. Pour le calcul des apports, on se basera sur les taux régionaux de précipitations, qu'il est possible d'obtenir auprès de l'office météorologique compétent. En Allemagne, ceux-ci atteignent, selon les régions, entre 600 et 800 mm par année, une période sèche y durant en moyenne 21 jours. Il convient en outre de prendre en considération la taille des versants de toiture et le coefficient de ruissellement du matériau de couverture choisi.

✎ Calcul des apports annuels en eaux pluviales, en l/a :

Surface réceptrice (m²) × coefficient de ruissellement × hauteur annuelle de précipitations (mm/a)

Calcul des besoins annuels en eau de service, en l/a :

Besoins journaliers par personne × nombre de personnes × 365 jours

Calcul de la capacité de la citerne, en l :

$$\frac{\text{Besoins annuels en eau de service} \times 21 \text{ jours}}{365 \text{ jours}}$$

Pour autant que les besoins en eau de service ne soient pas disproportionnés par rapport aux apports d'eaux pluviales, on a constaté qu'une capacité correspondant à environ 5 % des apports annuels était suffisante.

Alimentation d'appoint en eau sanitaire

Pour éviter que les citernes ne restent vides en période sèche, il faut prévoir la possibilité de les alimenter en eau sanitaire issue du réseau public. Cette alimentation d'appoint peut se faire soit directement, par un bec non immergé résistant au gel, soit au moyen d'une station hydraulique installée dans le bâtiment. Une telle station comporte une pompe destinée au transport des eaux pluviales, un dispositif de commande, un dispositif de régulation de la pression et divers autres dispositifs de sécurité. On veillera à ce que les eaux pluviales ne puissent en aucun cas pénétrer dans les conduites d'alimentation en eau sanitaire, dont la qualité doit être à tout prix préservée. Lorsque la citerne arrive aux limites de sa capacité, les excédents d'eaux pluviales doivent être évacués dans les égouts par un trop-plein.

Recyclage des eaux grises

Dans les centres-villes très denses, où la place ne suffit pas pour implanter une installation de lagunage, il est possible de prévoir, pour l'épuration et la récupération des eaux peu polluées, des <u>stations de traitement biologique des eaux grises</u>, que l'on installera de préférence au sous-sol

\\ Astuce :
En matière de récupération des eaux pluviales, on calcule la superficie de la toiture en projection verticale, c'est-à-dire la surface que l'on voit de dessus.

Ill.68:
Station à lit bactérien immergé

des bâtiments. Les éléments dont se compose une telle station varient en fonction du procédé d'épuration adopté, qui dépendra lui-même de la place et des moyens financiers disponibles, ainsi que du nombre d'usagers concernés. Les eaux noires, elles, doivent être évacuées séparément dans les égouts.

Stations à lit bactérien immergé

Une station à lit bactérien immergé, par exemple, se compose d'un bac de décantation, d'un bac de prétraitement dans lequel les eaux grises subissent une épuration mécanique, ainsi que d'un biodisque (ou disque biologique) en perpétuelle rotation. › Ill. 68 Celui-ci se compose de tubes filtrants en polyéthylène, servant de support au lit bactérien responsable d'une grande part de la performance épuratoire de l'installation. Ce biodisque, qui accomplit environ un demi-tour par minute, est toujours immergé jusqu'à mi-hauteur dans le bac, sa partie émergée alimentant les micro-organismes en oxygène. Après un certain temps, la biomasse qui s'accumule sur le disque s'en détache et tombe au fond du bac. Après avoir subi toutes les étapes de traitement, les eaux grises ne sont plus putrides et peuvent être utilisées comme eau de service.

Stations de traitement membranaire

Une autre possibilité d'épurer les eaux grises consiste à les envoyer dans une station de traitement membranaire, où elles commencent par traverser un tamis aéré qui les pré-nettoie mécaniquement, pour être ensuite débarrassées de leurs composants organiques par des micro-organismes et de l'oxygène insufflé, avant de traverser plusieurs membranes de microfiltration successives. Les stations de traitement membranaire sont des systèmes fermés peu encombrants, que l'on peut sans problème installer au sous-sol.

Le recyclage des eaux grises est un procédé écologique de traitement des eaux usées. À l'instar de la récupération des eaux pluviales, il permet de diminuer la quantité d'eau sanitaire à préparer et à acheminer, à grands frais, jusqu'aux robinets des usagers. De plus, la quantité d'eaux usées produite s'en trouve réduite et les stations d'épuration déchargées d'autant. Si les eaux recyclées s'infiltrent dans le sol, elles réalimentent la nappe phréatique et favorisent par conséquent le cycle naturel de l'eau.

Le reste des eaux traitées étant rejeté dans les cours d'eau naturels, c'est avec l'épuration des eaux usées et les procédés alternatifs qui viennent d'être décrits que se clôt le cycle dont nous avons présenté les différentes étapes, cycle qui recommence avec la production d'eau sanitaire et sa distribution.

CONCLUSION

Lorsqu'on se penche sur la problématique de la consommation d'eau, on voit qu'il existe aujourd'hui de multiples possibilités de gérer l'eau sanitaire et les eaux usées et pluviales, mais aussi qu'une intégration judicieuse des conduites d'alimentation et d'évacuation nécessaires, ainsi que des appareils sanitaires leur étant raccordés, requiert de la part de l'architecte un travail de conception complexe et minutieux.

Il reste encore beaucoup d'efforts à fournir pour parvenir à une gestion durable de la ressource qu'est l'eau, comme elle se pratique aujourd'hui dans la construction écologique. Même si seuls les pays à faibles précipitations sont exposés à des pénuries d'eau plus ou moins sévères, il est urgent de développer des solutions globales qui soient en mesure de préserver à long terme le cycle naturel de l'eau. Au lieu de développer des techniques de production d'eau sanitaire toujours plus sophistiquées et onéreuses, il conviendrait d'abord d'éviter de polluer la nappe phréatique. Cela requiert cependant des mesures complexes, sur lesquelles les concepteurs impliqués dans la réalisation d'un bâtiment n'ont pas prise.

En matière de gestion de l'eau, l'influence que peut exercer l'architecte consiste à conseiller les maîtres d'ouvrage en leur montrant les possibilités qui s'offrent dans le cadre de leurs projets – pas seulement en vue de réaliser une salle de bains au design impeccable, mais aussi pour économiser de l'eau sanitaire et réduire ainsi la quantité d'eaux usées produite. Qu'il s'agisse de mesures aussi simples que la pose de robinets économiseurs d'eau, ou de systèmes plus élaborés de récupération et de traitement des eaux pluviales ou des eaux grises, les alternatives écologiques aux techniques traditionnelles de gestion des eaux ne manquent pas. Dans ce domaine, les futurs développements technologiques devront, ne serait-ce que pour des raisons de coûts et de protection de l'environnement, accorder une importance de premier plan aux économies d'eau et d'énergie. Les installations solaires destinées à la production d'eau chaude vont dans ce sens. Si la volonté existe, la mise en œuvre d'un concept de récupération des eaux pluviales ou des eaux grises ne pose aucun problème. En s'additionnant, toutes ces mesures qui, considérées isolément, ne semblent avoir qu'une portée minime, contribueront de façon déterminante à la protection des eaux et à la stabilisation du cycle naturel de l'eau.

ANNEXES

RÉFÉRENCES BIBLIOGRAPHIQUES

Régis Bourrier, Marc Satin, Béchir Selmi, *Guide technique de l'assainissement*, 3e édition, Le Moniteur, Paris 2006

Tanja Brotrück, *Basics Construction de toitures*, Birkhäuser, Bâle 2007

Henri Charlent, *Traité de plomberie*, Dunod, Paris 1998

Klaus Daniels, *Technology of Ecological Building*, Birkhäuser, Bâle 1997

Andrea Deplazes (dir.), *Construire l'architecture*, Birkhäuser, Bâle 2008

Herbert Dreiseitl, Dieter Grau (dir.), *Recent Waterscapes – Planning, Building and Designing with Water*, Birkhäuser, Bâle 2009

Margrit Kennedy, Declan Kennedy (dir.), *Designing Ecological Settlements. Ecological Planning and Building*, chapitre sur l'eau, Reimer, Berlin 1997

Axel Lohrer, *Basics Aménagement et eau*, Birkhäuser, Bâle 2008

Francis Moran, *Traitement des eaux – Chauffage, climatisation, installations sanitaires*, Les éditions parisiennes, Paris 2002

Ralph Pagel, *Recyclage des eaux de pluie – Planification, réalisation et commande électronique d'une installation de récupération*, 2e édition, Publitronic – Elektor, Paris 2008

Henri Renaud, *Branchements: Eau potable et assainissement*, Eyrolles, Paris 2002

René Vittone, *Bâtir*, Presses polytechniques et universitaires romandes, Lausanne 1996 (réimpression 2006)

NORMES

NF EN 752	Réseaux d'évacuation et d'assainissement à l'extérieur des bâtiments
NF EN 805	Alimentation en eau – Exigences pour les réseaux extérieurs aux bâtiments et leurs composants
NF EN 806-2	Spécifications techniques relatives aux installations d'eau destinée à la consommation humaine à l'intérieur des bâtiments – Partie 2 : conception
NF EN 1717	Protection contre la pollution de l'eau potable dans les réseaux intérieurs et exigences générales des dispositifs de protection contre la pollution par retour
NF EN 12056	Réseaux d'évacuation gravitaire à l'intérieur des bâtiments
NF EN 12255-5	Stations d'épuration – Partie 5 : lagunage

CRÉDITS ICONOGRAPHIQUES
Photographies
Toutes les photographies sont de Doris Haas-Arndt.

Dessins
Jenny Pottins, cand. arch.
Simon Kassner, cand. arch.
Helen Weber, cand. arch.
Sebastian Bagsik, dipl. ing. FH
Indira Schädlich, dipl. ing. Msc.

L'AUTEURE
Doris Haas-Arndt est architecte et professeure suppléante à l'université de Siegen, dans les domaines des installations techniques et de l'écologie de la construction.

Directeur de collection : Bert Bielefeld
Conception : Bert Bielefeld, Annette Gref
Mise en page et couverture : Muriel Comby
Traduction : Léo Biétry
Révision : Thomas de Kayser

Information bibliographique de la Deutsche Nationalbibliothek
La Deutsche Nationalbibliothek a répertorié cette publication dans la Deutsche Nationalbibliografie ; les données bibliographiques détaillées peuvent être consultées sur Internet à l'adresse suivante : http://dnb.d-nb.de http://dnb.d-nb.de.

Les droits d'auteur de cet ouvrage sont protégés. Ces droits concernent la protection du texte, de l'illustration et de la traduction. Ils impliquent aussi l'interdiction de réédition, de conférences, de reproduction d'illustrations et de tableaux, de radiodiffusion, de copie par microfilms ou tout autre moyen de reproduction, ainsi que l'interdiction de divulgation, même partielle, par procédé informatisé. La reproduction de la totalité ou d'extraits de cet ouvrage, même pour un usage isolé, est soumise aux dispositions de la loi fédérale sur le droit d'auteur. Elle est par principe payante. Toute contravention est soumise aux dispositions pénales de la législation sur le droit d'auteur.

Ce livre est aussi paru en version allemande (ISBN 978-3-7643-8853-9) et anglaise (ISBN 978-3-7643-8854-6).

© 2009 Birkhäuser Verlag GmbH, Bâle
Im Westfeld 8, 4055 Bâle, Suisse
Membre de Walter de Gruyter GmbH, Berlin/Boston

ISBN 978-3-0346-0019-4

9 8 7 6 5 4 3 2 1

www.birkhauser.ch

Bei Fragen zur Produktsicherheit wenden Sie sich bitte an:
If you have any questions regarding product safety,
please contact:

Birkhäuser Verlag GmbH
Im Westfeld 8
4055 Basel, Schweiz
productsafety@degruyterbrill.com